O TEXTO ESCOLAR:
uma história

Antônio Augusto Gomes Batista

O TEXTO ESCOLAR:
uma história

1ª edição
1ª reimpressão

Ceale* Centro de alfabetização, leitura e escrita
FaE / UFMG

autêntica

Copyright © 2004 by Centro de Alfabetização, Leitura e Escrita (Ceale)

Projeto gráfico da capa:
Marco Severo

Conselho Editorial da Coleção Linguagem & Educação:
Antônio Augusto Gomes Batista (coord.), Artur Gomes de Morais, Jean Hébrard, Luiz Percival Leme Brito, Magda Soares, Márcia Abreu, Vera Masagão Ribeiro

Revisão:
Maria de Lurdes Costa de Queiroz (Tucha)

Editoração eletrônica:
Eduardo Costa de Queiroz

Batista, Antônio Augusto Gomes.
B333c   O texto escolar : uma história / Antônio Augusto Gomes Batista. – 1. reimp. – Belo Horizonte : Ceale ; Autêntica, 2008.
160 p. – (Coleção Linguagem e Educação ; 08)
ISBN 978-85-7526-130-9

1. Leitura. 2. Livros didáticos. I. Título. II. Coleção.

CDD – 372.4

Catalogação da Fonte : Biblioteca da FaE/UFMG

2008

Direitos reservados a
Autêntica Editora
R. Aimorés, 981, 8º andar – Funcionários
CEP: 30140-071 – Belo Horizonte - MG – Brasil
PABX: (55 31) 3222 6819 – Televendas: 0800 2831322
www.autenticaeditora.com.br
autentica@autenticaeditora.com.br

Foi feito o depósito legal.

Proibida a reprodução desta obra
sem a prévia autorização Editora.

Para Vera, por tanto.

ÍNDICE

Apresentação 9

Capítulo 1
Um texto "literário" para a criança 23

Capítulo 2
Um livro didático "moderno" 35

Capítulo 3
Um texto "escolar" para o aluno 69

Capítulo 4
A construção do texto "escolar" 85

Capítulo 5
Uma professora lendo e ensinando a ler 95
• Uma professora lê em sala de aula 96
• Professores de Português; a professora 108
• Uma relação escolar com a leitura 118

Conclusão
A construção do texto escolar: uma filologia ao contrário 135

Referências 149

Livros didáticos analisados 156

APRESENTAÇÃO

Em meados da década de 1950, Vinicius de Moraes escreve – originalmente, ao que parece, como uma canção[1] – o poema "São Francisco":

São Francisco

Lá vai São Francisco
Pelo caminho
De pé descalço
Tão pobrezinho
Dormindo à noite
Junto ao moinho
Bebendo a água
Do ribeirinho.

Lá vai São Francisco
De pé no chão
Levando nada
No seu surrão

---

[1] Em parceria com Paulo Soledade. Segundo Moisés (1980, p. 7), "[...] já de volta [de Los Angeles, onde, até meados da década de 1950, trabalhou como vice-cônsul], compõe sozinho a 'Serenata do adeus' e, com Paulo Soledade, o 'Poema dos olhos da amada' e 'São Francisco'."

Dizendo ao vento
Bom dia, amigo
Dizendo ao fogo
Saúde, irmão.

Lá vai São Francisco
Pelo caminho
Levando ao colo
Jesuscristinho
Fazendo festa
No menininho
Contando histórias
Pros passarinhos.

O poema teve uma história editorial peculiar. Embora composto na década de 1950, não pude localizá-lo, entre as publicações do autor, senão em 1970, quando integrou uma coletânea de poemas de Vinicius de Moraes intitulada *A Arca de Noé*. Ainda que alguns dos poemas que fazem parte da coletânea já tivessem aparecido na primeira edição das obras completas do autor, publicada em 1968 (MORAES, 1968), "São Francisco" só vai nela aparecer em sua segunda edição, de 1974, e, assim, após sua publicação em *A Arca de Noé*. No entanto, antes mesmo de seu aparecimento nessa coletânea, o poema já havia integrado, sem indicação de fonte, uma antologia de poesias destinada a crianças e adolescentes, organizada por Henriqueta Lisboa, em 1961 – a *Antologia Poética para a Infância e a Juventude* (LISBOA, 1961) –, publicada pelo Ministério da Educação e Cultura e pelo Instituto Nacional do Livro. Em 1966, também antes, portanto, de integrar a coletânea organizada pelo próprio autor, o poema aparece ainda – mais uma vez, sem indicação de fonte – num livro didático de Português para a 1ª e a 2ª série ginasial – o *Manual de Português* –, de Celso Cunha (1966).[2]

Ao integrar, porém, *A Arca de Noé*, o poema deixa o contexto escolar no qual o livro de Celso Cunha o inseria e, pelo que parece, ao qual a antologia de Henriqueta Lisboa tendia a lhe destinar,[3] e passa a fazer parte de uma coletânea lançada por uma prestigiada editora, a Sabiá, de Rubem Braga e Fernando Sabino. Vista como editora "de escritores" e não de "editores", de "artistas" e não, portanto, de "empresários", suas estratégias editoriais tendiam a afirmar os valores do campo literário e não, particularmente, os do mercado, e se revestiam de certo "charme mundano" ligado à vida literária carioca.[4] Quando, por volta de 1972, Fernando Sabino e Rubem Braga, segundo o depoimento do primeiro, percebem que editar e escrever "são duas coisas distintas" e desistem de ser

---

[2] Os poemas reunidos por Henriqueta Lisboa são reproduzidos sem indicação de fonte. Essa não é a regra para o livro de Celso Cunha, onde, em geral, as fontes são indicadas. "São Francisco" é uma das poucas exceções.

[3] Mais à frente esse aspecto será retomado e aprofundado.

[4] A editora e suas estratégias são descritas em *Momentos do Livro no Brasil* (1996, p.136-139) e em Hallewell (1985, p.388-390). Especializada em "ensaios, poesia e ficção de autores brasileiros" (Hallewell, 1985, p.388), tinha, entre os escritores publicados, grandes nomes como os de Clarice Lispector, João Cabral de Mello Neto e Vinicius de Moraes. Também de acordo com Hallewell (1985, p.389), para contar com uma base financeira com a qual pudesse editar obras com menor aceitação no mercado e, desse modo, afirmar valores do campo literário brasileiro, publicava também traduções, e foi responsável, com a publicação de *Cem anos de solidão*, de Gabriel Garcia Marquez, pelo *boom* da literatura dos países latino-americanos de língua espanhola no país. O "charme mundano" da editora pode ser exemplificado pela seguinte passagem de *Momentos do Livro no Brasil* (1996, p.136): "A editora foi considerada um produto típico da zona Sul do Rio, ou mesmo da chamada 'turma de Ipanema'. Mas marcaria presença nas livrarias. A partir da contratação de um diagramador de primeira linha, Antônio Herranz, e de ilustradores renomados, reformulou o aspecto gráfico de seus livros. [...] Além disso, apostou nas capas plastificadas e criou moda, como as caixinhas para quatro livros idealizadas por Rubem Braga."

"executivos", a editora é vendida à José Olympio, que só voltar a publicar a coletânea de Vinicius de Moraes, em uma segunda edição, em 1974.[5] Quatro anos depois, a coletânea está em sua quarta edição e, até 1984, alcança mais dez, o que significa uma média de um pouco mais de uma edição por ano. Assim, o sucesso do livro de poemas infantis de Vinicius de Moraes não é imediato e só se dá alguns anos passados de seu lançamento. Com os problemas enfrentados pela José Olympio, no final da década de 70 e início dos anos 80, o livro passa a ser publicado pela Record, que o relança em 1984, num novo projeto gráfico e com novas ilustrações.

Ao longo dessa década, firma-se uma espécie de "diáspora" da antologia (em parte iniciada antes mesmo de sua publicação, como se viu mais acima), tendo em vista tanto a forma pela qual o autor a havia fixado, quanto o suporte no qual havia sido registrada. Musicados, em sua maior parte pelo compositor Toquinho, os poemas se tornam canções de um disco de sucesso e, mais tarde, um programa musical produzido pela Rede Globo. Ao mesmo tempo em que, como livro, disco ou programa, os poemas penetram as mais diferentes esferas sociais e culturais, um deles, o poema "São Francisco", torna-se também uma espécie de *best-seller* escolar e passa, segundo um estudo desenvolvido pela Fundação de Assistência ao Estudante (FAE, 1994), a ser um dos poemas mais utilizados por livros didáticos para o ensino de Português no 1º grau.

Esse caso de sucesso de um texto na esfera escolar e de uma peculiar espécie de peregrinação por diferentes suportes e distintas esferas do mundo social pode fornecer al-

---

[5] O depoimento de Sabino é citado em *Momentos do Livro no Brasil* (1996, p.136). Informações sobre a venda da editora podem ser encontradas no mesmo livro e em Hallewell (1985). As informações sobre as diferentes edições do livro de Vinicius de Moraes posteriormente a sua venda à José Olympio são fornecidas por Martins (1989).

guns indicadores dos processos por meio dos quais um texto realiza sua entrada no mundo da escola. Realizar o exame desses processos e de suas implicações é o me objetivo com este livro.

São dois grupos de pressupostos que justificam e orientam esse exame.[6] O primeiro deles diz respeito à noção de *texto* ou, mais precisamente, a um ponto de vista que conforma sua compreensão. A reflexão lingüística e a literária tendem, por uma série de razões,[7] a construir a noção em torno de três princípios básicos, todos três postulados – em grande medida – em razão da necessidade de estabelecer formas de identificação e classificação da produção escrita, em sociedades em que esta se diversifica e em que sua circulação se intensifica pela possibilidade de reprodução, por cópia manuscrita ou mecânica.[8] O primeiro desses princípios é o de que texto é o "objeto" estabelecido, originalmente, por seu *autor*. Desse princípio decorrem os demais: se é a autoria que, por um lado, identifica um texto em relação a outros, e se é aquele texto que o autor escreve, por outro, o elemento permanente que integra e reúne suas diferentes reproduções (e permite avaliar sua "fidelidade"), um texto coincide apenas com sua manifestação lingüística assim identificada e com o conjunto de relações lingüísticas a ela subjacente e independe tanto dos diferentes suportes materiais que o sustentam quanto das práticas e dos leitores que dele se apoderam. Em outros termos, assim enraizado na idéia da autoria, um texto tem existência autônoma e independente das esferas que o produzem (e reproduzem) materialmente e das práticas nas

---

[6] Parte da discussão que se faz nos parágrafos seguintes foi apresentada em Batista e Galvão (1999).

[7] A propósito da constituição histórica da na noção de texto e de suas relações com a filologia, com os estudos literários e lingüístico-gramaticais, assim como de suas marcas nos estudos contemporâneos sobre a linguagem, ver Ginzburg (1989), Neves (1987), Schlieben-Lange (1993) e, especialmente, Bakhtin (1986).

[8] Cf. Chartier (1989 e, especialmente, 1994).

quais são utilizados, lidos, compreendidos. Construído como um conjunto de formas lingüísticas abstratas, possui unidade intrínseca e fundo permanente que se impõem àqueles que o reproduzem e o lêem e aos quais estes devem se ater e respeitar.

Se esse modo de compreensão abstrato do texto é extremamente eficaz para os propósitos de uma reflexão também abstrata sobre a linguagem, interessada quer no estabelecimento e na edição crítica de textos, quer na apreensão do conjunto de princípios – regras, códigos, sistemas gramaticais ou literários – que governam sua utilização, ele é pouco adequado para a compreensão dos processos históricos e sociais que constituem a linguagem e seus usos na sociedade. Uma ampla literatura já se ocupou da crítica a esses princípios e da demonstração de sua inadequação para uma compreensão social e concreta da linguagem.[9] Em contraposição aos três mais importantes princípios em torno dos quais se constrói o modo de compreensão abstrato do texto, essa literatura propõe, *grosso modo*, três pontos principais em torno dos quais se pode construir um modo de compreensão concreto do texto.

Primeiro ponto: o *autor*. Ao invés de ponto em que se ancora tanto a origem quanto a unidade de um texto e ao invés de fator responsável por sua estabilidade, ele é visto como,

> [...] ao mesmo tempo, dependente e reprimido. Dependente: ele não é o mestre do sentido, e suas intenções expressas na produção do texto não se impõem necessariamente nem para aqueles que fazem desse texto um livro (livreiros-editores ou operários da impressão), nem para aqueles que dele se apropriam para a leitura. Reprimido: ele se submete às múltiplas determinações que organizam o espaço social da produção literária, ou que, mais comumente, delimitam as categorias e as experiências que são as próprias matrizes da escrita. (CHARTIER, 1994, p.35-36)

---

[9] A propósito, cf. Foucault (1987, 1992 e [s.d.]); Bakhtin (1986); e Bourdieu (1983, 1985, 1992 e 1994).

Segundo ponto: a *manifestação lingüística* e o feixe de relações que a ela subjaz. As intenções de um autor não se impõem necessariamente a seus leitores e àqueles que o reproduzem porque, dentre outros fatores, a manifestação lingüística por meio da qual se expressa não contém todos os elementos necessários à sua interpretação e nem mesmo os oferece *per se* a seus leitores.[10]

Não os oferece desse modo porque qualquer expressão lingüística "permanece puro *flatus vocis* enquanto não for correlacionada, com referência a um determinado código, ao seu conteúdo convencionado" (Eco, 1986, p.35). Não contém todos os elementos necessários para sua interpretação porque, seja por economia, seja pelos limites naturalmente impostos pelas regras normais de conversação, seja por fatores estéticos, os textos contêm "espaços em branco", "intertíscios", vale dizer, estão entremeados por um "não-dito":[11]

> 'Não-dito' significa não manifestado em superfície, a nível de expressão: mas é justamente este não-dito que tem de ser atualizado a nível de atualização do conteúdo. E para este propósito um texto, de uma forma ainda mais decisiva do que qualquer outra mensagem, requer movimentos cooperativos, conscientes e ativos por parte do leitor. (Eco, 1986, p.36.)

Terceiro ponto: a *imobilidade*, a *estabilidade* e a *unidade*. Se um texto não oferece *per se* sua significação e está "entremeado de espaços em branco", ele existe apenas em estado potencial e supõe um leitor que o atualize. Ora, estudos já mostraram que a presença do leitor no texto não se faz apenas para que se complete – por meio da atualização que promove dos significados potenciais do texto – o processo

---

[10] As discussões sobra a relativa indeterminação da linguagem são resumidas e analisadas por Coudry (1988) e Possenti (1988). Minha principal base para a utilização do conjunto de pressupostos a elas relacionados consistiu no trabalho de Eco (1986 e 1993).

[11] A expressão é utilizada por Ducrot (1972). As regras normais de conversação são propostas em Grice (1967).

comunicativo.¹² Se ele está no final desse processo, ele está também presente na própria constituição do texto por meio do qual esse processo se dá e o está de dois modos. Por um lado, ele é tudo aquilo que um escritor "supõe que exista" para orientar suas estratégias de produção lingüística. Seja como parte de uma formação imaginária, seja como um conjunto de competências e disposições, uma censura, um leitor implícito, um público-leitor, uma antecipação de um horizonte de expectativas ou como uma comunidade interpretativa, aquele que escreve postula sempre uma hipótese de leitor e uma encenação¹³ de sua leitura como uma condição indispensável para a própria produção do texto, para saber "com o que pode contar" e, assim, realizar o conjunto complexo de "escolhas" e operações nesse processo. Por outro lado, no entanto, o leitor está presente também na constituição do texto não apenas como aquilo que "se supõe que exista", mas ainda como aquilo que se deseja construir: um texto tende a conter suas "instruções de uso", um conjunto de protocolos e de indicações que mostram ao leitor o que fazer, como ler, que significados produzir.¹⁴

Esse processo de antecipação e de construção das competências e disposições dos leitores, porém, supõe, como condição de felicidade do texto e de seus efeitos, que, em maior ou em menor grau, aquele que escreve e aquele que lê compartilhem referências e que as formas de apropriação pressupostas e desejadas pelo escritor coincidam com as formas efetivas de apropriação de que os leitores lançam mão. Ora, num mundo social em que a escrita não é mais um privilégio

---

[12] Sob diferentes perspectivas teóricas, o papel do leitor na construção do texto e de suas características lingüísticas é analisado um conjunto de estudos na área das ciências da linguagem e dos estudos literários. A contribuição de Authier-Revuz (1982) foi especialmente relevante para as análises efetuadas ao longo dos diferentes capítulos deste livro.

[13] A noção de encenação é discutida por Maingueneau (1989).

[14] Esse processo de construção da leitura é ilustrado de modo particularmente interessante em ONG (1975).

de pequenos grupos – sociais, religiosos ou profissionais – e em que os meios de reprodução mecânica dos textos cada vez mais os tornam independentes das esferas sociais em que foram produzidos e para as quais foram dirigidos, os textos adquirem uma *mobilidade* temporal e social.[15] Movendo-se no tempo e no espaço social, eles se distanciam de seus contextos iniciais de produção e de recepção e, desse modo, a coincidência entre as referências e as disposições culturais pressupostas na produção do texto pela hipótese de leitor construída e aquelas efetivamente possuídas e postas em prática pelos leitores torna-se nem sempre possível ou provável. Dessa mobilidade temporal e social dos textos decorre, portanto, sua tendência à *instabilidade* e à *diversidade*.

No processo de sua reprodução, o texto pode receber as marcas das distâncias sociais e culturais que separam aquele que escreve daqueles que produzem o objeto em que se inscreve. O impresso que desse processo resulta, portanto, pode ter poucas semelhanças com aquele intentado por seu autor: ilustradores, editores, revisores e tradutores podem, em maior ou menor grau, fazer manifestar no objeto que sustenta o texto as diferenças que os separam do autor no espaço social. Nesse mesmo processo, no entanto, os textos podem se transformar ao serem destinados a novos públicos, diferentes daqueles aos quais foram inicialmente destinados. Assim, ao leitor implícito e à encenação de sua leitura construídos pelos escritores os fabricantes do livro ou do impresso podem sobrepor outra hipótese de leitor e outra encenação da leitura: prefácios, orelhas, notas, sumários, cortes, titulação, ilustração, projeto gráfico, enfim, podem

---

[15] Ao contrário de uma tradição de estudos de sociologia e história da leitura, que tende a fazer uma correspondência mais ou menos unívoca entre uma determinada "biblioteca" e um grupo social. A dispersão de autores, títulos e gêneros no espaço social é enfatizada pelos estudos de Roger Chartier, especialmente em Chartier (1990a).

construir um "quadro mental"[16] que sugira outra leitura, usos novos e imprevistos.[17]

Móvel e instável, dependente das configurações sociais que o produzem, que o reproduzem e a que se destinam, os textos, por fim, se diversificam tendo em vista as práticas e os leitores que efetivamente deles se apropriam. Por mais que os produtores do texto e do impresso multipliquem seus protocolos de leitura e procurem orientar os mínimos movimentos do leitor, sua atualização, seus usos e os significados que serão de fato produzidos encontrarão sempre nos contextos de leitura um regime de condições que poderá ou não favorecer a realização das leituras visadas. Por um lado, do mesmo modo que autores e produtores do livro, os leitores estão também – quanto maior for o grau de institucionalização das situações em que lêem – submetidos às múltiplas determinações que organizam as esferas sociais em que utilizam os textos. Por outro lado, eles são socialmente formados, compartilham competências e um horizonte de expectativas em relação aos textos e à sua leitura que não é, necessariamente o previsto pelos produtores dos textos. Podem desenvolver, portanto, formas de apropriação que pouco têm a ver com aquelas visadas em sua produção e constituir, desse modo, um novo texto, com novos objetivos, novos usos, novos significados.[18]

---

[16] Por "quadro mental" compreendo o conjunto de pressuposições, conhecimentos, interesses e valores que constituem o universo de expectativa de um leitor em relação a determinado texto ou impresso. Mais à frente retornarei à noção.

[17] Para a força expressiva do objeto impresso, sobretudo do livro, ver Mckenzie (1986). A introdução de novos elementos e supressão de outros tendo em vista uma nova destinação de um texto a um diferente público-leitor é analisada por Chartier (1990b-c)

[18] A leitura é postulada, assim, como uma "apropriação". Essa noção, no entanto, pode ser compreendida de dois modos: em Foucault [s.d.], ela coincide com um dos mecanismos por meio dos quais os discursos são controlados e submetidos a uma lógica que modifica e atenua seu poder constitutivo; em De Certeau (1990), a noção tende a enfatizar os movimentos ativos, criativos, indeterminados dos leitores em sua vida cotidiana, que resistem à disciplina proposta pelos mecanismos de controle dos discursos na forma de

Assim, sob o ponto de vista concreto, a noção de texto se organiza:

• Em torno de um deslocamento do lugar central ocupado pelo autor na determinação da estabilidade e da unidade de um texto, de seus usos e significados; um texto é constituído – sempre de um modo instável e provisório – com base em relações de dependência e conflito que se estabelecem entre, de um lado, as distintas e conflitantes posições construídas nas diferentes esferas da produção cultural e, por outro lado, entre essas diferentes esferas mesmas (vale dizer: entre aquele que escreve o texto, aqueles que produzem o objeto que o reproduz e aqueles que o lêem); mas essa constituição instável e provisória do texto só é possível.

• Porque a manifestação lingüística e gráfica que materializa o texto e o impresso só existe em estado potencial, não contém todos os elementos necessários para sua interpretação e pressupõe sempre, como condições necessárias para sua produção e recepção, respectivamente, uma hipótese de leitor e uma encenação de sua leitura, de um lado, e um leitor "em carne e osso", de outro, que, dotado das competências e das disposições hipotetizadas na produção do texto, realize sua atualização em conformidade com a leitura por ele encenada.

• E porque, em sociedades em que o uso da escrita se difunde e se amplia, e em que se intensifica a mobilidade social e temporal dos textos, aumentam as possibilidades de fracasso dessa condição pragmática de felicidade dos textos, que tendem a assumir, dependendo da distância maior ou menor que separa o campo de sua produção do campo de

---

uma antidisciplina. Embora os dois modos de compreensão do termo sejam antagônicos, acredito que os fenômenos por eles designados sejam complementares, com o uso foucaultiano podendo referir-se, sobretudo, aos contextos institucionais de leitura e o de De Certeau, particularmente, às leituras da vida cotidiana. Mas esse é um ponto que merece maior aprofundamento.

sua reprodução e, ambos, das esferas sociais que o acolhem, novas configurações gráficas, novos usos e novos significados.

Parafraseando Pierre Bourdieu (1994), um texto muda a partir do momento em que muda o mundo social em que ele se introduz. Se isso é verdade, ao entrar na esfera escolar, um texto se altera e se transforma, recebendo, dessa configuração social em que é introduzido, os significados, as funções, as marcas, enfim, dos conflitos, das diferentes posições e das distintas tomadas de posição envolvidas no jogo que nessa configuração se joga. Assim, ao entrar na esfera escolar, um texto é reconstruído e perde e ganha traços que podem ser reveladores dos processos sociais que nessa esfera se realizam.

A condição para isso é atribuir à escola uma organização social própria, que guarde certa autonomia em relação ao campo social mais amplo e que mantenha, com esse campo e com as diferenças esferas que o constituem, relações complexas. Daí um segundo grupo de pressupostos com base no qual este livro foi pensado e que identifica a escola a uma configuração social constituída por um conjunto de relações que atribui certo grau de especificidade a suas formas de organização, às práticas dos agentes nela envolvidos, aos fatores que a eles podem atribuir prestígio e poder, aos saberes que, nesse espaço, são produzidos.[19]

É precisamente no encontro entre, de um lado, a idéia de que os saberes escolares encontram boa parte de sua razão de ser na esfera social escolar e, de outro, a idéia de que os textos se constituem no quadro das relações sociais que aproximam ou afastam aqueles que os produzem, reproduzem e lêem, que se origina o meu objetivo com este livro e sua relevância. Nele, procurarei, num contexto exploratório, examinar esses

---

[19] Estou me referindo, sobretudo, às reflexões relacionadas à história e à sociologia das disciplinas e do currículo. Para um resumo desses estudos, ver Santos (1990).

processos que condicionam a emergência desse *objeto* escolar em torno do qual se desenvolvem práticas de transmissão e se objetiva saberes. Esse objeto é o texto escolar, e esses processos são os de sua construção.

Essa exploração, porém, é feita num contexto: o da educação brasileira no período entre o final da década de 1960 e início da década de 1970, de um lado, e meados da década de 1990, de outro. Esses dois marcos decorrem da trajetória de dois "textos": em primeiro lugar, do poema "São Francisco" cuja publicação, na coletânea *Arca de Noé*, no início da década de 1970, marca o início do período estudado; em segundo lugar, de um conjunto de coleções didáticas assinadas por Reinaldo Mathias Ferreira, nas quais, entre a década de 1970 e meados da década de 1990, o poema de Vinicius de Moraes vai ser empregado, trabalhado e explorado. O ciclo de vida dessas coleções define tanto o marco inicial quanto o final, quando se assiste a importantes alterações no sistema de ensino brasileiro e no setor editorial, particularmente no subsetor de didáticos. A análise dos processos de construção do texto escolar, que aqui será feito, insere esses processos no quadro dessas alterações escolares e editoriais.

Este livro apresenta os resultados de uma pesquisa, originalmente, parte de minha tese de doutorado, defendida em novembro de 1996, no Programa de Pós-Graduação em Educação da UFMG (BATISTA, 1996a). Meu interesse pelo estudo do processo de construção do texto escolar, porém, integra um interesse mais amplo, dirigido à compreensão do modo pelo qual são construídos os saberes escolares sobre a língua. Os demais trabalhos que expressam esse interesse complementam e especificam, portanto, os resultados aqui apresentados, ao se voltarem para outras mediações por meio das quais se produzem esses saberes: as condições de produção do discurso na sala de aula (BATISTA, 1997); as características sociodemográficas de professores de Português (BATISTA, 1996b), suas disposições em relação à leitura (BATISTA, 1998), as mudanças e permanências que caracterizam os livros escolares de leitura, das últimas décadas do século XIX às primeiras do século XX (BATISTA *et al*, 2004).

Este livro deve muito às contribuições de Magda Soares, que orientou o trabalho de doutorado, e de Eliana Marta Teixeira Lopes, Lea Pinheiro Paixão, João Wanderley Geraldi e, especialmente, Lucíola Licínio de C. P. Santos, que o examinaram. A Finep financiou parte substantiva da pesquisa e o CNPq a apoiou, mediante concessão de uma bolsa de estágio no exterior, no Center for Literacy Studies, da Universidade do Tennessee, em Knoxville. O Centro de Alfabetização, Leitura e Escrita (Ceale), por meio de seu Setor de Documentação, e a Biblioteca da Faculdade de Educação tiveram papel imprescindível na realização da pesquisa, ao fornecerem as condições necessárias para o acesso a suas bases e coleções de livros didáticos e de literatura infantil.

Capítulo I

UM TEXTO "LITERÁRIO" PARA A CRIANÇA

Não foram encontradas indicações para esclarecer se, ao ser escrito – ou composto –, o poema "São Francisco" se destinava a um público infantil, mas, ao ser publicado em *A Arca de Noé: poemas infantis,* o subtítulo não deixa dúvidas a respeito de sua destinação.[1]

Também não deixam dúvidas a esse respeito as relações entre o poema e os demais textos que compõem o livro. Iniciado pelo poema que lhe empresta seu título, ele é composto por um conjunto de textos cuja maior parte da temática pode ser compreendida como associada ao universo da criança – prevalecem temas como os animais (o pingüim, o elefanti-

---

[1] Como já se indicou, a primeira edição da coletânea foi feita pela Editora Sabiá (LAJOLO; ZILBERMAN, 1991, p.149, n. 20), na qual o poeta já havia publicado o *Livro de Sonetos* e *Para uma Menina em Flor.* Considerei 1970 como a data de seu lançamento, mas os estudos sobre o livro e a literatura infantil expressam certa discordância a esse respeito. Sua quarta edição indica que seu *copyright* é de 1970 e um livro didático que utiliza um de seus poemas (ele será analisado mais à frente), indica que foi publicado no mesmo ano; no entanto, Coelho (1983, p.896) e Martins (1989, p.103, n. 60) apontam o ano de 1971 e Lajolo e Zilberman (1991, p.148, 179) indicam 1974 como o ano de seu lançamento. Utilizarei, para análise, sua quarta edição, de 1978. Não há indicações de que, ao passar a ser publicado pela José Olympio e ser publicado em novas edições, tenham sido feitas alterações no livro estabelecido pela Editora Sabiá.

nho, o leão, o mosquito, etc.), o girassol, e objetos como a porta e a casa. O mesmo se poderia dizer do tratamento formal dado a essa temática. Levando em conta apenas os títulos dados aos poemas, nota-se um movimento do autor em direção a uma dicção infantil e à conseqüente assunção de um ponto de vista da criança sobre os objetos de discurso. Assim, o recurso ao diminutivo ("O elefantinho", "A cachorrinha") e a uma apreensão não abstrata, mas concreta, dos seres e objetos de que se fala, evidenciada pelo uso sistemático do pronome definido ("O girassol", "O relógio", "A porta").

Também não deixam dúvidas a respeito do público-leitor do poema as ilustrações que acompanham o livro e seu pro-

Capa da quarta edição de *A Arca de Noé*, feita pela José Olympio, em 1978. Não há indicações de que a José Olympio tenha promovido alterações no livro editado pela Sabiá.

Ilustração do poema "São Francisco", de Marie Louise Nery, extraído da quarta edição da obra.

jeto gráfico.² Os desenhos feitos para a capa da coletânea e um daqueles feitos para o poema sobre São Francisco podem servir para representar esse direcionamento do livro a seu público leitor:³

---

² Não pude encontrar referências sobre a ilustradora – Marie Louise Nery – nem sobre a autoria do projeto gráfico do livro. *Momentos do Livro no Brasil* (1996, p.136), no entanto, assim se refere aos aspectos gráficos dos livros da Editora Sabiá: "A partir da contratação de um diagramador de primeira linha, Antônio Herranz, e de ilustradores renomados, reformulou o aspecto gráfico de seus livros. [...] Além disso, apostou nas capas plastificadas e criou moda, como as caixinhas para quatro livros idealizadas por Rubem Braga."

³ Para a análise do projeto gráfico e das ilustrações do livro (assim como de uma coleção didática que será estudada mais à frente), as principais balizas utilizadas foram extraídas de Camargo (1986 e 1995), Junqueira (1995), Araújo (1986) e Gaskell (1972).

A imagem que representa São Francisco e as demais ilustrações do livro tendem, do mesmo modo que os títulos, a assumir dicção e ponto de vista infantis: como nos desenhos de crianças, nelas predomina um traço livre e contínuo; a perspectiva é abolida e são representados apenas os traços essenciais dos objetos. O projeto gráfico dá às ilustrações um lugar de destaque, sem, entretanto, sobrepô-las ao texto: ocupam, em geral, as páginas pares e os poemas, as ímpares. As fontes utilizadas são cheias e possuem um corpo com dimensões maiores que o de livros destinados a adultos. Também são maiores as dimensões do livro: seu formato é de 23,5 x 16 cm, maior, portanto, que o formato inovador que a José Olympio adota, no período, para seus livros não-infantis – de 21,5 x 13,5 cm.[4]

Por fim, sua recepção pela crítica também não deixa dúvidas quanto ao público-leitor de seus poemas. A título de exemplo, observem-se alguns trechos de descrições e análises do livro. Quanto à temática:

> *A Arca de Noé* reúne um punhado de bichos, algumas coisas, um santo, uma festa cristã, além do patriarca. [...] A disposição dos poemas, já pelo índice, não denota uma única e orgânica seqüência narrativa, conquanto o texto inicial [que dá título ao livro] nomeie personagens que serão tematizadas no decorrer do livro. Essas figuras, em geral, *pertencem ao âmbito de interesse da criança, têm relação com seu cotidiano e imaginário*, das quais o poeta revela um lado novo, senão insólito, irreverente. (MARTINS, 1989, p. 103, grifo meu)

Quanto ao tratamento formal:

> Em muitos poemas, destaca-se [...] a exploração lúdica da camada sonora do discurso poético, *que é tão importante à sensibilidade infantil*. [...] Vinicius alcança o tratamento ideal da palavra: as relações estabelecidas entre os fonemas encami-

---

[4] Segundo Hallewell (1985, p.376-379).

nham o *pequeno leitor/ouvinte* para sentir os sons, acima do que eles significam... e assim são "agarrados" pelo jogo da linguagem e as mil possibilidades de invenção com ela. (COELHO, 1983, p.896, grifos meus)

Quanto às ilustrações:

> O livro [...] se abre como um convite ao lápis; de cor, possivelmente. As ilustrações, em branco e preto, passam pelos meios tons. Com o primeiro poema, linhas sinuosas, retas, tracejadas, constroem um desenho lembrando *criações infantis*. Mas não procuram, canhestramente, imitar o que seria feito por uma criança: apenas é sugerido o seu modo de fazer pela economia do traço, perspectiva e utilização de convenções gráficas (gotas de chuva, arco-íris, sol, nuvem, pomba, casa/barca, rio, montanha). [...] Essas representações, logo no início da leitura, tendem a estabelecer *uma ligação imediata com o repertório pictórico da criança, incitando à participação no desenho, com sua contribuição imaginativa e efetiva.* (MARTINS, 1989, p.105, grifos meus)

Trata-se, desse modo, de um poema destinado ao leitor infantil e que se deseja lido como tal. Assim se caracterizando, insere-se no quadro de um gênero, de uma tradição e de um mercado literários – a literatura infanto-juvenil brasileira. É necessário perguntar, portanto, de que modo o poema define uma modalidade de relação com essa tradição e esse mercado, construindo, por meio dessa definição, uma encenação de sua leitura.

A existência de uma produção literária destinada especificamente à criança é marcada por, pelo menos, três fenômenos associados.[5] Em primeiro lugar, trata-se de uma literatura que se produz a partir de uma relação de interlocução assimétrica: por meio dela, um adulto se dirige a uma criança construída, por um conjunto de processos históricos, como um "aprendiz de adulto", como um ser em formação, em todos os

---

[5] A descrição que se faz a seguir foi baseada em Perroti (1986, 1990), Lajolo e Zilberman (1988, 1991) e Zilberman e Magalhães (1982).

seus aspectos – como indivíduo, pessoa, cidadão, sujeito cognoscente, leitor. Em segundo lugar – e conseqüentemente –, trata-se de uma produção cuja circulação é dependente, de modo marcado, das instituições e das práticas que, também por meio de um conjunto de processos históricos, foram construídas para proteger e educar a criança. Dentre elas, destacam-se a escola e as políticas e as práticas de letramento e de formação de leitores. Em terceiro lugar, trata-se de um texto que, com o desenvolvimento do capitalismo, se torna uma mercadoria como qualquer outra, amparada por uma malha composta, dentre outras coisas, por um setor editorial, formas de profissionalização de escritores e ilustradores, um mercado consumidor e uma política cultural e educacional do Estado.[6]

É em torno das possibilidades de resposta a esses três fenômenos que, ao que tudo indica, o gênero se organiza e encena sua leitura. Vão me interessar dois modos extremos de responder a esses fenômenos. O primeiro deles – e que termina por constituir, *grosso modo*, a tradição do gênero e o horizonte de expectativas mais difundido a respeito dele – é aquele que reforça seus laços com o mercado por meio, de um lado, do reforço de sua ligação com a escola e as práticas de letramento e, de outro, do reforço da relação assimétrica em que se baseia. Assim respondendo aos fatores em torno dos quais se constitui, o gênero propõe à criança uma leitura

---

[6] Ao que tudo indica, os dois últimos fenômenos se relacionam de modo a se reforçar no caso da literatura brasileira para a criança. País em que o capitalismo assume características peculiares em razão, dentre outros fatores, de uma marcada desigual distribuição de renda e de acesso a bens culturais, a indústria editorial é, em grande parte, dependente do mercado escolar e das grandes compras patrocinadas pelo Estado. Em 1990 e 1991, os livros de literatura infantil e os didáticos constituíram (Fundação João Pinheiro, 1993) a maior parte da produção editorial: corresponderam a 21% (em 1990) e a 19% (em 1991) do total de títulos em primeira edição; no mesmo período, corresponderam, respectivamente, a 40% e 39% do total de títulos reeditados, a 33% e 46% do total de exemplares publicados em primeira edição e, por fim, a 69% e 66% do total de exemplares reeditados. Cf., a respeito do peso do setor de didáticos e de literatura infantil na indústria editorial, Lajolo e Zilberman (1988, 1991) e Hallewell (1985).

que facilmente se escolariza, apta a ser orientada e dirigida e contendo valores, atitudes e comportamentos passíveis de ser utilizados como instrumento para a formação e a educação da criança-leitora. Ler, desse modo, confunde-se com aprender – sobre a vida, sobre o país, sobre a leitura e os livros, sobre o que se deve ou não fazer, como se deve ser. Tendo em vista essa função e modo de leitura visados, as estratégias discursivas empregadas pelo gênero tenderão a lançar mão daquele repertório consagrado pela tradição pedagógica: dependendo da variação da concepção histórica da criança, os temas e as abordagens serão morais, instrutivos ou "problematizadores"; a relação assimétrica tenderá a se manifestar por um narrador onisciente, geralmente adulto; a linguagem tenderá a certo artificialismo e experimentos formais e estéticos tenderão a ser atenuados, desconsiderados ou a se fazerem em uma linguagem literária já firmada e reconhecida como tal.

O segundo modo de responder aos fenômenos em torno dos quais o gênero se constitui consiste em reforçar os laços com o mercado por meio, de um lado, da negação de sua relação de dependência para com a instituição escolar e da relação assimétrica em que se baseia e, por outro lado e correspondentemente, por meio da afirmação da instituição literária[7] e de sua autonomia – e não do mercado – como o único foro adequado para orientar a produção para a criança e para julgar seu valor. Assim respondendo aos fatores que o constituem, o gênero realiza sua inserção no mercado[8] mediante sua

---

[7] A respeito da instituição literária, cf. Lajolo (1989).

[8] É necessário dizer que mesmo os textos mais artísticos e desinteressados são dependentes de um mercado e nele se inserem? Segundo Lajolo e Zilberman (1988, p.174-175), nas décadas de 1960 e 1970, momento em que esse modo de inserção no mercado é gestado e consolidado, o "desenvolvimento de uma infra-estrutura cultural [...] só vai aprofundar esta relação de dependência [para com o mercado escolar e para-escolar]. [...] Vários indícios parecem confirmar que a literatura infantil brasileira mais recente incorporou em diferentes níveis sua destinação pedagógica. No nível externo – o de sua circulação – ela se beneficia da legislação que recomenda sua

denegação,[9] propondo uma leitura não escolar para o mercado escolar, visando ao cumprimento de funções estéticas inseridas mesmo em sua função pedagógica mais geral e à

---

adoção: seu acervo é divulgado diretamente nas escolas, seu *marketing* visa diretamente o professor e já se tornou familiar, na sala de aula, a figura do autor visitante que discute com os alunos os textos seus previamente adotados naquela classe. Destinação pedagógica idêntica é indicada pela inserção, em grande número de livros infantis contemporâneos, de sugestões para seu aproveitamento escolar. Estas incluem desde perguntas e glossários, em tudo semelhantes aos já presentes livros do começo do século, até proposta de atividades mais sofisticadas (as que, por exemplo, se apóiam na quadrinização do texto. Prossegue, também, a utilização freqüente da escola como espaço ficcional". Também podem indicar as relações sempre presentes da produção literária para a criança – mesmo daquela mais aparentemente desinteressada – com o mercado, os depoimentos de escritores. Os depoimentos de Mirna Pinsky e Luís Puntel, analisados por Marisa Lajolo (1987, p.61-63), são exemplares quanto a esse aspecto. Mirna Pinsky: "Esse ponto é fundamental, crucial: a editora vende livros para a criança-aluno e quem cria para crianças é constrangido a criar para a criança-aluno" (p.62). Luís Puntel: "A gente acaba escrevendo o que a editora quer – porque é ela quem publica, não? E a editora edita o que os alunos querem. [...] Daí a gente ter que fazer as malditas concessões, nada criativas, nada inovadoras, ou fazê-las na medida do possível" (p.62).

[9] Essa denegação se manifesta de modo exemplar num belo texto de Bartolomeu Campos de Queirós, 1997, p. 42-43): "Não escrevo 'para' crianças. Minha limitação é maior que o mundo e não possuo a ousadia – ou a coragem – ao chegar em casa, de puxar uma cadeira e dizer: – vou escrever mais uma história para criancinhas. Não sei fazer texto de auto-ajuda e nem sou suficientemente generoso para ficar me envaidecendo com minha faltas. Não sou parâmetro para coisa alguma. Escrevo pelo prazer de escrever e faço o melhor de mim nesse gesto. Se o texto é eleito pela criança sinto-me realizado pelo que há de honesto na infância. Cresci lendo paredes da casa de meu avô. Ele nunca escreveu para os seus netinhos. Ele escrevia para não deixar morrer os fatos de uma cidade que ele amava. E nós líamos e entendíamos tudo, de acordo com as nossas possibilidades, como todo leitor. Sei também que a literatura é um rompimento com o cotidiano da linguagem e isso só existe quando o texto abre espaço para reflexão. A arte, e no caso a literatura, é para criar o desequilíbrio, buscar outro prumo, e não botar pano quente em inquietações mornas. Daí eu não estar interessado em escrever aquilo que as crianças querem. Isso não acrescentaria nada em termos de intuição poética. Espanta-me as pessoas capazes de traçar cânones, normas, ensinando como construir um texto para os mais 'pequenos': – muito diálogo, muita ação, frases curtas sem esquecer o humor. Nada de tristezas. Se sabem tanto como deve ser o livro, desconhecem o processo da criação literária. Deviam escrever e não ficar perdendo tempo em dar idéias. É muito sacrifício."

imposição da utilidade do gratuito e da obrigação do prazer. Por tudo isso, o gênero vai reivindicar um estatuto de arte literária: vai investir o texto com as conquistas e experimentos formais da literatura não-infantil, procurar eliminar a assimetria entre o adulto e a criança pela abordagem de temas não imediatamente percebidos como infantis ou da assunção de um ponto de vista da criança; evidenciar a opacidade da linguagem e fazer predominar seu aspecto poético e lúdico. Conseqüentemente, demandará uma leitura literária e não pedagógica, em que gratuidade, prazer, estranhamento e humor serão alguns dos pontos em torno dos quais buscará orientar sua recepção.

Coletânea de poemas infantis de prestigiado escritor de textos não-infantis e editada por prestigiada editora de textos literários, será precisamente essa leitura que a antologia encenará e assim será realizada por um conjunto de leitores ligados à instituição literária.

Segundo Lajolo e Zilberman (1988, p.180), os "textos poéticos infantis mais contemporâneos" – nos quais incluem os poemas de *A Arca de Noé* – souberam "incorporar as conquistas temáticas e formais do Modernismo", "fazem do estranhamento frente ao cotidiano e da expressão lírica da vivência infantil seus fulcros temáticos mais constantes". Segundo Martins (1989), os poemas de Vinicius de Moraes se situam "entre a inocência e a experiência" (p.103) e revelam uma "gratuidade conseqüente" (p.103); aí, ao invés de apresentar "um repositório de situações e personagens rememorando, senão celebrando, a passagem bíblica" (p.103), revelam, dessas personagens, "um lado novo, senão insólito, irreverente" (p.103) e a "incursão na temática religiosa [...], longe de pietismo ou pieguismo, [é] sublinhada pela sem-cerimônia" (p.104). Ainda segundo Martins (1989, p.103), os poemas têm

> em comum procedimentos formais em que é perceptível uma *proposta lúdica, no jogo de e com palavras, ritmos e rimas*; também, no divertido de situações e personagens. A arca aparece

apenas à feição de mote para a *criação poética*. A economia da linguagem, como do discurso, revela uma *elaboração* possível de até ser despercebida, considerada transparente. Mas o leitor pode captar, mesmo intuitivamente, a *palavra trabalhada* enquanto som, sinal e sentido.

Referindo-se tanto aos poemas de Vinicius de Moraes quanto aos de Cecília Meireles, Pondé (1986, p.144, grifos meus) afirma que ambos "*inovaram* na poesia infantil, dando-lhe um tratamento realmente *literário*, além de aproveitarem os temas, o comportamento e a natureza brasileiros". Afirma, ainda, que ambos

> captam de modo genial as situações de passagem que envolvem o desenvolvimento da criança, de *forma artística, sem pedagogismos nem doutrinação*, possibilitando o despertar de consciências críticas e amantes da *boa arte*. O ludismo, o humor, o ilogismo, a fugacidade da vida com seus repentes manifestam a complexidade da existência cuja riqueza está nas suas origens. (1986, p.144, grifos meus)

De acordo com Coelho (1983, p.896), "Vinicius alcança, em muitos momentos de sua poesia infantil, a graça, o pitoresco ou o ludismo que a ela se fazem necessários". Segundo Bordini (1986, p.33), sua poesia centra-se "na sonoridade e na reprodução da fala e da existência do ponto de vista infantil".

Assim, "São Francisco" – mediante a relação que mantém com os demais poemas do livro, com suas ilustrações, com o mercado; pelas leituras que leitores autorizados fazem do livro de que é parte (e, pode-se acrescentar, por meio da imagem e do prestígio de um importante escritor de literatura não infantil e da editora que o publica)[10] – desencoraja aqueles que dele se aproximam a buscar realizar, por meio de sua

---

[10] A utilização do "autor" como uma hipótese interpretativa (à qual se poderia acrescentar a da imagem da editora) é analisada por Eco (1986). Emprego a noção de leitores "autorizados" com base em Lajolo (1988) e Fish (1980).

leitura, uma função pedagógica. Embora tenha por tema um santo que, como tal, é por excelência modelo e exemplo de comportamento e veículo de transmissão de valores, nele nada se fala de alguém que abandonou uma vida de luxo para viver na pobreza, de seu sofrimento, do milagre das chagas, da defesa da fé nas cruzadas, da luta para a criação de uma ordem religiosa que, no interior de uma Igreja enriquecida e poderosa, quer se pautar pela pobreza e pela simplicidade. Ao contrário, o São Francisco que se constitui no texto é, antes, um santo alegre, que vive numa espécie de disponibilidade existencial próxima daquela de um *hippie* ou de um louco, que sorri, conversa com o fogo, o vento e os animais. Por intermédio dele, Vinicius de Moraes fala – "tão suavemente" – no "sentimento de amor-ternura, de admiração pela simplicidade, pela boniteza no se relacionar, no ir...". (ABRAMOVICH, 1994, p.83) Não se expressa ostensivamente um ponto de vista que julga ou avalia os comportamentos e ações do santo: o olhar que o descreve é, embora afetuoso, predominantemente constativo e o que se coloca em primeiro plano é, antes, o aspecto lúdico da linguagem, por meio do qual o autor brinca com os sons e ritmos e convida – assim como os demais poemas da coletânea – ao prazer da manipulação da linguagem, "à musicalização" (PONDÉ, 1986, p.139), e a atentar menos para o que "as palavras dizem" do que a seu "jogo sonoro". (COELHO, 1983, p.896)

Esse texto, parte integrante de *A Arca de Noé*, na qual se relaciona e dialoga com outros poemas, produzido e compreendido no quadro de um mercado de produção de bens culturais que ele, ao mesmo tempo reafirma e busca transcender, tornou-se ironicamente, como já se indicou, um caso de sucesso escolar e é um dos poemas mais presentes em livros didáticos destinados ao ensino de Português.

Capítulo 2

UM LIVRO DIDÁTICO "MODERNO"

Um dos livros didáticos que reproduzem "São Francisco" é o volume destinado à 5ª série da coleção *Português*, de Reinaldo Mathias Ferreira (1985), editada pela Ática.

Trata-se de uma coleção recente. No entanto, sua estrutura, parte dos textos utilizados, das atividades propostas e mesmo a introdução dirigida ao professor evidenciam relações de continuidade com duas outras coleções publicadas pelo autor e também editadas pela Ática: *Estudo Dirigido de Português* (FERREIRA, 1970, 1971, 1972, 1973) e *Comunicação – Atividades de linguagem* (FERREIRA, 1977). A existência dessas relações de continuidade (que serão analisadas mais à frente) justifica uma exploração das diferentes coleções.

Embora tenha entrado em contato com a editora, não foi possível obter dados que permitissem determinar as primeiras edições das coleções, mapear sua circulação e seus ciclos de vida. A maior parte dos dados disponíveis refere-se, apenas, à primeira coleção de livros.[1]

---

[1] Também não foi possível obter maiores informações sobre o autor das coleções. Nelas se encontram apenas as informações de que Reinaldo Mathias Ferreira licenciou-se em Letras Neolatinas pela Faculdade Estadual de Filosofia, Ciências e Letras de Londrina, onde, mais tarde, lecionou didática especial de Português. Informa-se, também, que foi professor de Português

É que *Estudo Dirigido de Português*,[2] de acordo com Pfromm *et al.* (1974), é uma daquelas séries didáticas que, no final da década de 1960 e início da década de 1970, criam o "novo" livro didático brasileiro:

> Mais do que simples transcrições de trechos seletos, os compêndios passaram a apresentar orientações, exercícios, atividades, resumos, esquemas, etc., adotam novas disposições gráficas e passam a incluir uma parcela significativamente maior de autores contemporâneos do que aquela que se observava nas antigas séries didáticas. [...] Exemplos dessa nova orientação são as séries de Domício Proença Filho e Maria Helena Marques (Português), Magda Soares Guimarães (Português através de textos), Reinaldo Mathias Ferreira (Estudo Dirigido de Português), Alaíde Lisboa de Oliveira (Comunicação em prosa e verso) e outros, publicados nos últimos anos (p.203).

Além disso, a coleção se tornou, ao ser lançada, um grande sucesso no setor de didáticos e, ao que tudo indica, um dos responsáveis pelo sucesso e pela consolidação dessa

---

no Colégio de Aplicação de Londrina e ex-diretor do Ginásio Estadual José Anchieta, também em Londrina, onde atuou ainda como professor da mesma disciplina. Embora os livros didáticos tendam, em geral, a buscar realçar a experiência de seus autores no ensino dos graus ou ciclos a que se destinam, os dados apresentados, assim como o fato de não ter sido possível localizar qualquer obra não-didática de Ferreira (ele foi, também, autor de uma cartilha – FERREIRA *et al*, 1981 – e de um manual de correspondência comercial – FERREIRA, [s.d.]) parecem indicar que sua carreira não apresenta aquelas características de uma carreira universitária nem esteve especialmente voltada para a pesquisa. É lamentável que apenas esses poucos dados puderam ser obtidos, pois informações sobre a trajetória do autor e sobre suas posições sociais e profissionais poderiam, em grande parte, ser utilizadas na compreensão de algumas tomadas de posição expressas por suas coleções didáticas.

[2] Não foi possível precisar o ano de seu lançamento. A principal edição que utilizo para análise (e que é a mais antiga que pude localizar) é de 1970. De modo vago, os estudos sobre o livro brasileiro, didático ou não, que o citam (HALLEWELL, 1985; PFROMM *et al.*, 1974 e *Momentos do Livro no Brasil*, 1996) referem-se ao início da década de 1970. Suas diferentes edições indicam, porém, que o livro havia sido aprovado, em 1969, pela Comissão do Livro Didático do Estado de São Paulo. É num desses dois anos que o livro teve, assim, sua primeira edição.

editora que, em 1996, era a maior do País.[3] Apenas no ano de seu lançamento, a Ática teria vendido um milhão de exemplares dos dois primeiros volumes da coleção e, em 1971, segundo Hallewell (1985, p.469), três milhões.[4] Um livro produzido pela editora para comemorar os 30 anos de sua criação (*Momentos do Livro no Brasil*, 1996) assim descreve a série didática:

> [...] no começo dos anos 70, a Ática lançou uma coleção que daria uma virada decisiva no panorama do livro didático brasileiro: a *Estudo Dirigido de Português*, de Reinaldo Mathias Ferreira (os dois primeiros livros da série venderam 1 milhão de exemplares já no ano de lançamento). Utilizando jogos, quadrinhos, ilustrações coloridas e textos elaborados especialmente para atrair o interesse do aluno, a série tornou mais dinâmico o aprendizado da língua. Essas novidades mais o "livro do professor" – versão exclusiva para mestres, que trazia como inovação a resolução das questões propostas no volume do estudante, além de sugestões de atividades na sala de aula – fizeram com que a iniciativa derrubasse os títulos tradicionais do mercado e estabelecesse um novo padrão para os livros escolares (p.203).

---

[3] De acordo com a revista *Veja* (p.103, 10 abr.,1996). Segundo o livro *Momentos do Livro no Brasil* (1996, p.161) a editora conquistou "o primeiro lugar dentre as editoras do país". Fundada em 1965, em torno do Curso de Madureza Santa Inês e de seu setor de produção de apostilas, em 1971 a editora já era, juntamente com a Editora do Brasil, a José Olympio, o IBEP e a Saraiva, uma das grandes concorrentes à hegemonia da Companhia Editora Nacional na área de didáticos (HALLEWELL, 1985, p.294 e 574). Sua produção "saltou de 9 livros, em 1968, para 22 em 1970 e para 180 em 1980" (HALLEWELL, 1985: p.470). Parte dessa rápida ascensão parece se dever, entre outras coisas, ao grande sucesso do primeiro livro de Reinaldo Mathias Ferreira. Para maiores informações sobre a Ática, cf. *Momentos do Livro no Brasil* (1996, p.159-161) e Hallewell (1985).

[4] Para se ter uma dimensão do volume dessas vendas, há apenas cinqüenta anos antes, considerava-se que "um texto de escola primária era estrondosamente bem sucedido quando vendia cinqüenta mil exemplares" (HALLEWELL, 1984, p.469). Um dos maiores sucessos de um escritor de sucesso, *Teresa Batista Cansada de Guerra*, de Jorge Amado, vendeu, em 1972, ano de seu lançamento, cerca de meio milhão de exemplares (HALLEWELL, 1984, p.421).

Esse "novo" livro didático é ainda um volume com dimensões menores que as atuais. Tem 21 x 14 cm (hoje os didáticos têm em torno de 27,5 x 20,5 cm) e uma capa plastificada em duas cores (vermelho e azul fortes, contrapostos a detalhes em branco), por meio das quais se constroem formas geométricas e se exploram as letras do título, autor, série e editora (sempre em minúsculas).

Capa da edição de 1970 de *Estudo Dirigido de Português*, de Reinaldo Mathias Ferreira, publicado pela Ática. Setor de Documentação do Ceale; Biblioteca da Faculdade de Educação da UFMG.

Em relação a outros livros mais antigos no mercado (LÉLLIS, 3. ed. 1956; CRETELLA JÚNIOR, 1. ed., 1945; e CUNHA, 1. ed., 1961),[5] o formato e as dimensões no livro são, efetivamente, inovadores. Os livros mais antigos possuem dimensões em torno de 19,5 x 13,5 cm, apresentam *layout* sóbrio e parciomonioso uso da cor em suas capas, em geral, cartonadas (quase sempre uma única cor, com detalhes em preto-e-branco).

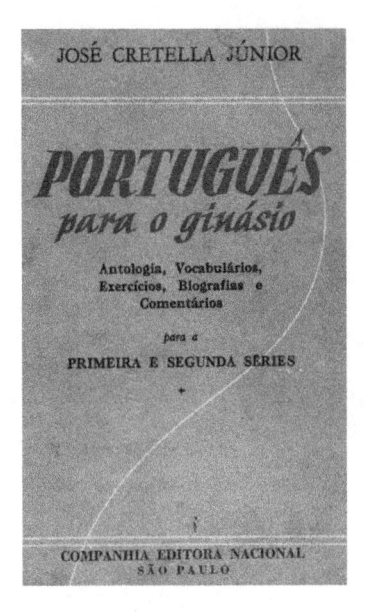

> JOSÉ CRETELLA JÚNIOR
>
> **PORTUGUÊS**
> *para o ginásio*
>
> Antologia, Vocabulários,
> Exercícios, Biografias e
> Comentários
>
> *para a*
> PRIMEIRA E SEGUNDA SÉRIES
>
> COMPANHIA EDITORA NACIONAL
> SÃO PAULO

Capa do livro de Raul Moreira Lélis. Setor de Documentação do Ceale; Biblioteca da Faculdade de Educação da UFMG.

---

[5] Todos os três livros parecem ter tido um grande sucesso de vendas e uma grande aceitação no mercado. Seis meses após seu lançamento, já haviam se esgotado três edições do livro de Celso Cunha, de acordo com a "Advertência" à 4ª edição do livro. (CUNHA, 1966, p.4) Dezoito anos decorridos de seu lançamento, o livro de José Cretella Júnior já estava em sua sexagésima sexta edição, em 1958, segundo a relação de obras do autor que integrava essa edição. (CRETELLA JÚNIOR, 1958) Não pude localizar dados mais precisos sobre o livro de Raul Moreira Léllis (1956). No entanto, em entrevistas com estudantes e professores do curso ginasial entre as décadas de 1950 e 1960, em Belo Horizonte, a referência à utilização do livro é bastante freqüente. O livro é também bastante comum em sebos de Belo Horizonte, o que parece indicar uma larga utilização. Um estudo realizado, entre 1963 e 1968, com professores de Português do Rio Grande do Sul indica que, no período, é ainda um dos mais utilizados. (CLEMENTE, 1969)

[6] Considerarei, aqui, aquelas coleções, que, juntamente com a de Reinaldo Mathias Ferreira, Pfromm *et al.* (1974, p.203) consideram inovadoras.

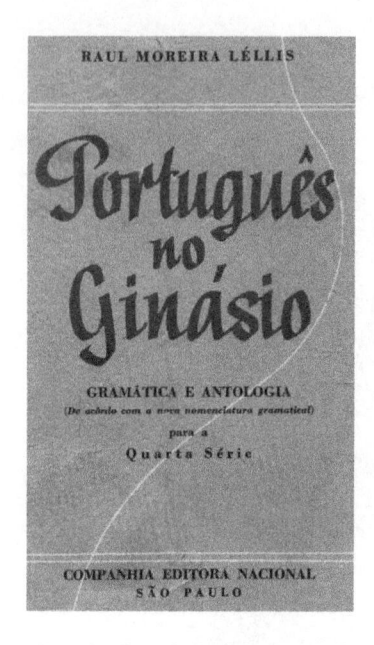

Capas dos livros de Celso Cunha e José Cretella Júnior. Setor de Documentação do Ceale; Biblioteca da Faculdade de Educação da UFMG.

Em relação às novas coleções que então surgiam no mercado e renovavam seus padrões,[6] as inovações do formato e do projeto gráfico externo do livro de Reinaldo Mathias Ferreira eram relativamente comuns. Se a coleção de Magda Soares Guimarães (1971, 12. ed.) apresenta dimensões mais próximas dos livros tradicionais (18,5 x 13,5 cm), apresenta também uma capa com *layout* moderno, que faz uso intensivo da cor para diferenciar seus volumes. Quanto a esses aspectos, as semelhanças são maiores, porém, com os livros de Alaíde Lisboa de Oliveira (1972, 1. ed.) e de Domício Proença Filho e Maria Helena Marques ([s.d.]), embora o pendor à inovação visual se manifeste de modo mais acentuado nessas duas coleções, cujos projetos gráficos – particularmente as dimensões, o uso da cor e o *layout* – estão mais próximos do livro didático contemporâneo.

Um livro didático "moderno" 41

Capas dos livros de Magda Soares Guimarães, de Alaíde Lisboa de Oliveira e Domício Proença Filho e de Maria Helena Marques. Setor de Documentação do Ceale; Biblioteca da Faculdade de Educação da UFMG.

No corpo dos livros da coleção de Ferreira, o projeto gráfico é, em parte, coerente com seu *layout* externo. Diferentemente das coleções mais antigas e mesmo da coleção de Magda Soares Guimarães,[7] a série editada pela Ática utiliza um conjunto de ilustrações. Diferentemente dos dois outros livros que lhes são contemporâneos, utiliza essas ilustrações de modo intensivo. Cada grupo de atividades em torno dos quais os livros se organiza possui pelo menos uma ilustração, em posição canônica: todos os grupos são iniciados por uma ilustração, no alto da página, marcando o final do grupo anterior de atividades e o início de um novo grupo. Além de aparecer sempre nessa posição, as gravuras (é assim que o autor do livro a elas se refere) podem aparecer também, embora de modo menos freqüente, em exercícios e atividades que se situam ao longo dos grupos. Em qualquer posição, elas são em preto-e-branco, com algum detalhe em vermelho.[8] Na posição mais freqüente (o início de um grupo de atividades), elas tendem a estabelecer relações de contigüidade com um texto que se lhe segue. Elas são algo a ser explorado *antes* da leitura do texto e constituem mesmo – como se verá mais à frente – uma atividade integrante – a inicial – do grupo de atividades em que se insere. Sua função é predominantemente narrativa e tende a se concentrar na representação do núcleo central dos textos que antecedem ou de um pequeno quadro (que se situa entre as ilustrações e os textos) em que o autor busca motivar os alunos para a leitura. As páginas que iniciam um grupo de atividades foram reproduzidas a seguir.

---

[7] Que precede a coleção de Reinaldo Mathias Ferreira, tendo sido lançada em 1965, segundo sua autora.

[8] Também são em vermelho os títulos de partes do livro e alguns detalhes gráficos, como bordas e sombreamento.

Um livro didático "moderno" 43

> O autor do poema "Minha Mãe" manifesta dois desejos. Qual dêles você julga mais belo?

Antes de iniciar a leitura, é necessário saber que Rafael de Urbino foi um pintor famoso, natural de Urbino, Itália, onde nasceu em 1483 e faleceu em 1520.

MINHA MÃE

Nem sempre com o tempo se cancela
a beleza, ou a enfloram desenganos;
pois com seus sessenta anos,
eu acho minha mãe sempre mais bela!
5   Não tem um riso, olhar, palavra, ou ato,
que não me faça a impressão mais doce:
Ah! se pintor eu fôsse,
faria tôda a vida o seu retrato!
E a retratara, quando inclina o rosto,
10 para eu beijar-lhe os seus cabelos brancos,
ou quando entre os arrancos
de dor finge em sorriso o seu desgôsto.

Início de um dos capítulos de *Estudo Dirigido de Português*, da edição de 1970 (p.26). Setor de Documentação do Ceale; Biblioteca da Faculdade de Educação da UFMG.

Como se pode comprovar pela reprodução, contrastando com as novidades do projeto gráfico do livro, suas ilustrações (de Eugênio Colonnese) têm um traço conservador que não se distingue, de modo acentuado, do traço que caracterizava as ilustrações dos manuais destinados ao ensino elementar, onde, ao que parece, fizeram-se presentes bem mais cedo.[9] Nelas predominam uma atenção ao detalhe (pode-se discriminar os utensílios do artista – entre eles as telas ainda não utilizadas – na estante à direita, e um grupo de telas já pintadas à esquerda, ao fundo) e uma intenção realista (nas

---

[9] Valeria a pena aprofundar as relações entre os novos livros de Português para o ginasial que emergem no período e os manuais destinados ao ensino elementar. O uso da ilustração, assim como a preocupação com o aluno e seu aprendizado e a organização em torno de exercícios e atividades, presentes nos novos livros, são conquistas já sedimentadas nas coleções para o primário e sugerem a possibilidade de terem sido deslocados desse nível de

sombras, na textura da tela ao centro), mas, ao mesmo tempo, estereotipada e idealizadora (como em suas representações prototípicas, o pintor é retratado com barba, usando um laço como gravata e envergando um grande avental; do mesmo modo, a mãe é representada com cabelos grisalhos presos em um coque e se veste sobriamente). Quanto a esse aspecto da coleção de Ferreira, a inovação manifesta-se, apenas, portanto, no uso intensivo da ilustração, ao contrário das coleções de Alaíde Lisboa de Oliveira e de Domínio Proença Filho. Ambas utilizam ilustrações de artistas plásticos renomados. A primeira, dentre outros, de Yara Tupynambá, e a segunda – e de modo muito pouco convencional para os livros didáticos, mesmo os atuais – ilustrações de Benevento, Cildo Meirelles, Darel, Gerchman, Poti, Vergara e outros. (Ver, abaixo, título de exemplo, as páginas de introdução de um capítulo.)

A referência, em *Momentos do Livro no Brasil* (1996), à utilização de quadrinhos é pouco precisa: o livro didático da 1ª série ginasial – e, mais tarde, da 5ª série do 1º grau – utiliza apenas, em certas ilustrações, o balão comumentemente empregado nos quadrinhos e apresenta apenas duas ilustrações em que se representam personagens ligadas ao gênero (o tio Patinhas e o Super-Homem). Aparece, no entanto, de forma sistemática, um conjunto de jogos, não relacionados aos conteúdos ministrados, dispostos ao final de cada um dos grupos de atividades, e exercícios na

---

ensino para o ginasial. Se isso é verdade, as alterações nos manuais para o curso ginasial poderiam estar relacionadas a uma espécie de "elementarização" desse ciclo de ensino. As alterações ocorridas na população discente e docente da escola brasileira no período da emergência dessas novas coleções reforçam essa possibilidade (tendo em vista essas alterações, cf. PAIVA, 1990, e GERMANO, 1993). As alterações promovidas na organização e na estrutura do sistema de ensino brasileiro pela Lei n. 5.692, também reforçam essa possibilidade, ao deslocar o curso ginasial, até então ligado ao ensino médio, para o curso primário, com o qual passa a integrar o ciclo fundamental de ensino.

8

Você vai conhecer a vida numa pequena cidade do interior brasileiro.
Quem a descreve é Cazuza, personagem criado pelo escritor Viriato Corrêa, no livro que tem o mesmo nome do personagem.
Acompanhe a descrição do lugarejo, do tipo de vida que nêle se leva e da figura do pai de Cazuza.
Lembre-se de que o vocabulário poderá esclarecer-lhe a significação das palavras que não conheça.

Minha Terra, Minha Casa, Minha Gente

Pirapemas, o povoado em que eu nasci, era um dos lugarejos mais pobres e mais humildes do mundo. Ficava à margem do Itapicuru, no Maranhão, no alto da ribanceira do rio.

Uma ruazinha apenas, com vinte ou trinta casas, algumas palhoças espalhadas pelos arredores e nada mais. Nem

Início de um do oitavo capítulo de *Português*, de Domício Proença Filho e Maria Helena Marques, publicado pela Editora Liceu. Setor de Documentação do Ceale; Biblioteca da Faculdade de Educação da UFMG.

forma de palavras cruzadas e caça-palavras. Com efeito, seja por meio desses jogos ou do uso intensivo da ilustração, do projeto gráfico de seus volumes ou de diferentes formas de "motivação", a coleção – e esse talvez seja um de seus elementos diferenciais mais importantes – expressa forte preocupação em agradar ao aluno, em tornar o ensino menos penoso, e assim que se apresenta aos professores: o manual didático é, além de "diferente", "eficiente" e "completo", "fácil" e "agradável" (Ferreira, 1970, p.I) e faz da criação e da motivação do interesse do aluno um dos principais eixos da modalidade de relação que propõe a seus leitores. Como já evidenciou Osman Lins (1977b) a propósito de livros didáticos em utilização em 1976, trata-se de um texto que estabelece uma modalidade de relação "sedutora" com os alunos-leitores, e nenhum dos outros manuais contemporâneos aos de Ferreira constrói – na mesma amplitude e mobilizando a mesma variedade de recursos – essa relação.

Quanto à sua estrutura, os volumes da coleção estão divididos em duas partes principais, que seccionam o livro em dois. A primeira ocupa-se do "estudo de textos", sendo composta – no caso do volume destinado à 1ª série ginasial – de 11 grupos de atividades (54 p.) baseadas num texto literário.[10] A separação entre cada grupo de atividades é marcada apenas graficamente pela ilustração que, no alto da página, inicia cada uma delas. À primeira parte do livro se segue a segunda, voltada para o "estudo gramatical". É composta, também no caso do livro da 1ª série, de 42 atividades (188 p.) baseadas num tópico gramatical e organizadas, a maior parte delas, em torno de um texto produzido pelo autor do livro, que busca, a partir de "fatos cotidianos de intêresse do aluno" (como não poderia deixar de ser, tendo em vista a relação sedutora que procura estabelecer com o aluno), "a preparação necessária à compreensão integral e segura do assunto a ser estudado" (Ferreira, 1970, p.II). Quando os grupos de atividades dessa parte utilizam um desses textos, seu início é marcado por uma ilustração, por um pequeno texto

---

[10] O emprego do termo "unidade" para designar os grupos de atividades em torno dos quais os livros didáticos se organizam só se deu, ao que parece, mais tarde. Nas coleções de Ferreira, o termo só vai aparecer na série didática publicada na década de 1980 (Ferreira, 1986). Outros autores de livros didáticos publicados ao longo do período entre as décadas de 1960 e 1980 também fazem uso da palavra mais tarde. Em *Português através de textos* (Guimarães, 1971), a autora organiza os grupos de atividades em torno dos tópicos gramaticais do programa e por eles são designados. Na coleção didática que, em seguida, publica (Soares, 1972; e Soares; Pereira, 1973), os grupos se organizam com base em tópicos relacionados a uma reflexão sobre a linguagem e o processo de comunicação. Somente em *Novo Português através de textos*, a autora (Soares, 1984) passa a utilizar o termo "unidade" para designar os conjuntos de atividades. Valeria a pena desenvolver estudos mais aprofundados sobre a introdução do termo, sobre sua utilização nos diferentes livros didáticos e sobre os fatores que as promovem.

motivador enquadrado, seguido por seu título, que indica o conteúdo gramatical que será abordado. Esse título pode, também, isoladamente, indicar o início do grupo, quando o autor não emprega o texto de sua autoria. A essas duas partes segue-se um apêndice com uma pequena "antologia em prosa e verso para trabalhos complementares".

De acordo com apresentação do livro, no manual do professor, assim se caracteriza cada uma das partes principais:

> I – Estudo de textos: 1) gravura; 2) motivação (vem sempre dentro de um retângulo); 3) remoção dos obstáculos à compreensão do texto; 4) texto (com as linhas numeradas de cinco em cinco); 5) dados biobibliográficos do autor do texto; 6) estudo das idéias dos textos; 7) estudo do vocabulário e da expressões; 8) estudo da composição; 9) recaptulação gramatical; 10) trabalho escrito; 11) trabalho oral.
>
> [...].
>
> II – Estudo gramatical: 1) gravura; 2) motivação (vem sempre dentro de um retângulo); 3) apresentação dos dados globais; 4) análise dos dados globais; 5) conclusões da análise (síntese); 6) exercitação. (FERREIRA, 1970, p. I)

Em nenhum momento o autor do livro tematiza as relações entre as duas principais partes ou evidencia as relações que o professor deve estabelecer entre elas ao longo de suas aulas. Embora a apresentação do livro ao professor seja feita em detalhes – o autor descreve sua estrutura, justifica atividades, sugere como utilizar o livro, como desenvolver atividades e elaborar provas –, nela nada se diz sobre a seqüência na qual o livro deve ser utilizado – se linearmente (primeiro todas as atividades de estudo de textos, depois todas as de estudo gramatical), intercalando-se cada grupo de atividades de estudo gramatical com uma de estudo de texto e em que ordem deve-se fazê-lo, ou se, por fim, começa-se a utilizar o livro por sua segunda parte (a gramatical) e, depois, volta-se à primeira, realizando as atividades de estudo de texto.

Nada disso é esclarecido pelo autor. Ele parece supor que os professores que o utilizarão sabem como fazê-lo e toma essa informação como um dado. Assim, o modo de usar o livro deve ser *o mais provável*: intercalando, de modo não sistemático,[11] atividades de estudo gramatical (que constituem a maior parte do livro e cujo volume de conteúdos – a classificação de palavras e a iniciação à sintaxe – demandaria todo o ano letivo para ser ensinado) com as atividades de estudo de textos.[12] Ao que tudo indica, essa hipótese é correta, pois, em 1973, na sétima edição do livro da 5ª série, o autor esclarece, pela primeira vez, no manual do professor (Ferreira, 1973), que, para "fazer a obra render mais" (p. III), "na distribuição da matéria sugerimos ao professor que intercale os estudos gramaticais aos textos, a fim de que haja variação nos trabalhos" (p. IV).[13]

---

[11] Uma vez que a gramática é, historicamente, o objeto por excelência do ensino da disciplina e o estudo de textos uma atividade complementar e secundária. (Cf. Batista, 1997)

[12] Além disso, o autor indica, num pequeno texto dirigido ao aluno, como uma conclusão de sua parte gramatical (Ferreira, 1970, p.258), que "estamos chegando ao fim do ano. Você está desejoso de entrar em férias *aprovado*. Nós também estamos desejosos de encontrá-lo na segunda série no próximo ano. Este livro que o auxiliou durante tôda a primeira série não deve ser vendido nem jogado fora. Guarde-o, pois êle ainda lhe será muito útil. *Nunca se joga fora um livro*". (Grifos do autor.) Assim, o estudo da parte gramatical deveria ser feito até o final do ano.

[13] A introdução dessa informação pode ser interpretada de dois modos. O primeiro deles é o de que a informação é dada porque os professores não estavam usando o livro como se pressupôs e, desse modo, foi necessário explicitar aquilo que nas edições anteriores o autor tomou como dado. Tendo em vista o volume de conteúdos gramaticais propostos pelo livro e o peso desses conteúdos na tradição do ensino de Português, os professores deveriam estar deixando de lado a realização de atividades de estudo de textos ou realizando-as muito esporadicamente. A outra possibilidade de interpretação, que não exclui a anterior, é a de que a informação tornou-se necessária como uma estratégia de *atualização*, em razão do sucesso alcançado pelos livros didáticos que propõem a realização do estudo gramatical em atividades desenvolvidas em torno de um texto. Por poder revelar os modos pelos quais os professores se apropriam dos livros didáticos, valeria a pena desenvolver estudos mais aprofundados sobre esse ponto, cuja análise aqui feita teve caráter superficial.

Resta, no entanto, depreender as relações que o autor estabelece entre as duas partes. A minha conclusão é de que elas não se articulam. No entanto, um aspecto poderia ser tomado como indicador dessa articulação. Trata-se dos exercícios denominados "recaptulação gramatical", presentes na parte voltada para o estudo de texto. O título dado à atividade parece indicar, com efeito, que ela tematizaria os conteúdos gramaticais ensinados pelo conjunto de atividades de gramática.

Alguns fatores, no entanto, sugerem que a razão pela qual se deve intercalar as atividades das diferentes partes do livro não seja decorrente da existência de uma relação entre elas. No trecho citado mais acima, o autor esclarece que a alternância deve ser feita "a fim de que haja *variação* nos trabalhos". Isso quer dizer, portanto, que a alternância se deve não particularmente às relações internas que haveria entre as duas partes, mas apenas em razão de uma necessidade de "variação", adequada para tornar o ensino mais rentável e, com certeza (e esta é uma expressão cara à coleção), mais "agradável". Outro fator que evidencia a ausência de relações entre as duas partes é também explicitado pelo autor do livro na sua sétima edição. Ao enumerar o conjunto de atividades que compõe a parte gramatical, ele esclarece, entre parênteses, ao lado da apresentação das atividades de "recaptulação gramatical', que se trata de exercícios de "usos" (FERREIRA, 1973, p.I). Com certeza, o esclarecimento é, antes, uma espécie de atualização ou "agiornamento" – que, como se verá mais à frente, parece consistir no principal fator responsável pela sobrevivência da coleção, em suas diferentes versões, até o início da década de 1990 – tendo em vista as novas recomendações para o ensino da disciplina, que então passava a ser denominada Comunicação e Expressão. Tanto é assim que os exercícios supõem um grau relativamente alto de conhecimento de nomenclatura gramatical e talvez constituam, na verdade, uma recaptulação dos conteúdos gramaticais das séries anteriores e não uma recaptulação dos conteúdos que, na série, seriam ministrados.

Desse modo, os livros da coleção de Ferreira possuem uma estrutura frágil, na qual não se relacionam as duas partes voltadas para diferentes conteúdos do ensino de Português. Além disso, consoante com a tradição de ensino da disciplina, apresentam uma desproporção entre os conteúdos gramaticais e as atividades com textos (o livro da 1ª série ginasial apresenta, é bom lembrar, 42 grupos de atividades na parte de gramática e apenas 11 na de estudo de texto). Essa desproporção não deixa dúvidas: o objeto do ensino privilegiado pela coleção é, antes de tudo, a nomenclatura gramatical e o estudo de textos, uma atividade complementar, secundária e independente em relação ao estudo de gramática.

A criação de relações entre esses dois objetos de ensino – a gramática, de um lado, o uso da linguagem, de outro – consistiu num problema enfrentado pelos demais autores do período e numa dificuldade com que até hoje o ensino da disciplina se defronta.[14] A forma inovadora que, no período, os livros didáticos propõem, consiste na tentativa de se fazer o estudo gramatical *por meio* do texto (como em GUIMARÃES, 1971, e PROENÇA FILHO; MARQUES, [s.d.]). Trata-se de uma solução que hoje se julga frágil: o texto termina apenas for fornecer, em alguns casos, *exemplos* para o estudo gramatical, e as relações que se produzem incidem predominantemente sobre a seqüência das atividades a serem feitas. Cada grupo de atividades inicia-se por um texto e seu estudo; aos exercícios por meio dos quais esse estudo é feito, seguem-se atividades de gramática, concluídas, em geral, por atividades de redação. O relacionamento que se cria – embora frágil sob o ponto de vista interno – é o de que o texto fornece elementos para o estudo

---

[14] Em 1965, um estudo (CLEMENTE, 1969) sobre a metodologia empregada por professores de diferentes regiões de Portugal e do Rio Grande do Sul conclui, dentre outras coisas: "Notamos entre os professores que responderam ao questionário uma espécie de desequilíbrio metodológico. Ou dão muita importância à gramática, deixando de lado o exercício de leitura e interpretação de textos [o que, segundo o autor, é mais freqüente], ou dedicam-se a este esquecendo aquela" (p. 22).

gramatical e ambos, por sua vez, fornecem a necessária base para a redação. Foi essa a solução que terminou por constituir a tradição recente do ensino da disciplina e de seus livros didáticos.[15]

Não é essa solução que Ferreira desenvolve em sua coleção, na qual o estudo do texto apenas se *acrescenta* ao estudo gramatical. Desse modo, o caráter inovador de alguns aspectos da coleção não se repete no tratamento dado por seu autor aos conteúdos da disciplina, e, nesse sentido, os livros que a compõem estão mais próximos das coleções de Moreira Lélis e de Cretella Júnior (que reuniam, dicotomicamente e de modo independente, as antigas gramáticas e as antologias) do que de seus contemporâneos.

O mesmo compromisso com antigas soluções dadas aos problemas enfrentados pelo ensino de Português se manifesta na seleção dos textos. Como se pode comprovar pelo quadro que se segue, nas primeiras edições do volume destinado à 1ª série ginasial, predominam aqueles textos com fundo moral ou passíveis de ser abordados como tais nos exercícios,[16] seguidos daqueles que se caracterizam como "divertidos", "interessantes", aptos, de qualquer modo, no espírito sedutor do livro, a motivar o aluno.[17] Os escritores são predominantemente do século XIX e início do século XX e, dentre os

---

[15] No período, as estratégias de relacionamento entre os textos e os diferentes grupos de "conteúdos" do ensino de Português são discutidas, dentre outros, por Tavares ([s.d.]) e Legrand (1973), Maciel (1966) e Carreter e Lara (1962). Traçar o desenvolvimento histórico dessa forma de exploração do texto é uma das tarefas necessárias para a compreensão dos problemas vivenciados pelo ensino da disciplina nesse período.

[16] No quadro a seguir, o conteúdo do texto e a exploração que dele faz o autor são sintetizados na coluna intitulada "quadro mental". A síntese baseia-se no conjunto de indicações do texto e de seu suporte, que constroem um contexto no qual o texto *deve* ser lido (indicações, ilustrações, o texto propriamente dito, títulos e exercícios de interpretação). Para sintetizar esse contexto, fiz uma paráfrase de seus principais direcionamentos ou recolhi um trecho dele revelador.

[17] Dos 11 textos, quatro deles são "divertidos".

QUADRO 1
Caracterização dos textos para leitura em Ferreira (1970)

Grupos de atividade	Título	Autor	Caracterização do texto	Quadro mental
1	O cego e o dinheiro enterrado	Luiz da Câmara Cascudo	Conto tradicional brasileiro; 1. ed. 1946	Curiosidade; tem "muita coisa engraçada"; esperteza
2	A esmola do pobre	Júlio Dinis	Lit. Portuguesa; século XIX	Bondade; caridade
3	Uma maravilha andar de avião	Alberto Deodato	Crônica brasileira; ed. 1964	Curiosidade
4	Minha mãe	Edmundo De Amicis	Poema; literatura infantil italiana, século XIX	Amor filial
5	O compadre da morte	Luiz da Câmara Cascudo	Conto tradicional brasileiro; 1 ed. 1946	Curiosidade; esperteza
6	A escrava	Artur Azevedo	Poema brasileiro; século XIX	A escravidão; a ausência de alegrias do escravo
7	Um pé de milho	Rubem Braga	Crônica brasileira; ed. 1964	O que é mais importante: um pé de milho ou o contato com a lua através de radar?
8	Velhas árvores	Olavo Bilac	Poema brasileiro; ed. 1918 (6. ed.)	"Devemos envelhecer com alegria, consolando os outros"
9	A consciência	Antônio Bôto	Lititertura infantil/ didática portuguesa; ed., [s.d.]	Como reconhecer uma boa e uma má ação
10	A abelha e a rosa	Cleómenes Campos	Poesia brasileira; ed. 1923	"Muita gente confunde o falso com o verdadeiro por causa da ambição"
11	Uma confusão das grandes	Viriato Correa	Lit. infantil brasileira; ed. 1965 (13. ed.)	"Coisas do arco da velha"; "confusão"

contemporâneos, apenas Rubem Braga e o folclorista Luiz da Câmara Cascudo são nomes reconhecidos. À coletânea de textos, portanto, poderia ser endereçada boa parte das críticas que Osman Lins (1977a) já havia feito aos livros didáticos de Português utilizados em 1965: a fixação na literatura brasileira e portuguesa do passado e o desconhecimento da literatura brasileira contemporânea, a ausência de senso de valor literário, a falta de princípios claros norteando a seleção de textos.

Assim, a coleção parece oscilar entre a inovação e a reiteração da tradição do ensino da disciplina. Embora ela inove no uso intensivo da ilustração, na criação de um espírito sedutor, no emprego de jogos e brincadeiras e em seu projeto gráfico, apresenta ilustrações e uma proposta para o ensino da disciplina que estão muito aquém daquelas apresentadas por outras séries que lhe são contemporâneas. A "virada decisiva" que – segundo a descrição da série feita mais acima – teria sido por ela realizada não parece, desse modo, ter-se dado por meio das características até aqui analisadas. A meu ver, essa "virada" se manifesta em outro lugar, mais importante e decisivo e capaz mesmo explicar a oscilação entre modernidade e tradição na qual a coleção parece se debater: a coleção inova, antes de tudo, pela sua inserção no *mercado* do livro escolar e nas relações que estabelece, por meio desse modo de inserção, com as transformações que, então, ocorriam no sistema escolar brasileiro.

Dois aspectos da coleção de Ferreira podem evidenciar esse seu caráter efetivamente inovador: o primeiro deles refere-se ao modo pelo qual os livros da série encenam sua utilização em sala de aula e se relacionam com o professor e seu trabalho; o segundo, ao modo pelo qual eles se alteram ao longo de sua vida.

A encenação que a coleção constrói para sua leitura em sala de aula pode ser evidenciada comparando-se alguns de seus trechos com outros livros didáticos do período. O quadro a seguir contém trechos do grupo de atividades (FERREIRA, 1970, p.113-14) proposto para o estudo da flexão do nome:

FLEXÃO

Como a água, as palavras mudam de forma em certas ocasiões. Observe as palavras grifadas nestas orações:

1) O professor elogiou o *menino*
2) O professor elogiou a *menina*.
3) O professor elogiou os *meninos*.
4) O professor elogiou as *meninas*.

Você notou que em tôdas as frases há um *substantivo* grifado: menino. Notou também que êsse substantivo termina sempre de maneira diferente em cada uma delas. Isso aconteceu porque há necessidade de indicar:

a) um só ser do sexo masculino: *menino*;
b) um só ser do sexo feminino: *menina*;
c) mais de um ser do sexo masculino: *meninos*;
d) mais de um ser do sexo feminino: *meninas*.

Observe, entretanto, que não é só o substantivo que sofre *modificações*:

1) O professor elogiou *um* menino *bondoso*;
2) O professor elogiou *uma* menina *bondosa*;
3) O professor elogiou *uns* meninos *bondosos*;
4) O professor elogiou *umas* meninas *bondosas*.

Você notou que o *artigo* e o *adjetivo* também sofrem modificações para indicar se temos *um só ser* ou *mais de um ser*, e se o ser é *masculino* ou *feminino*. Muita atenção agora para isto:

> 1) Quando as palavras se modificam (ou variam) para indicar se o ser é masculino ou feminino, se é um só ser ou mais de um, dizemos que houve *flexão*.
>
> 2) Quando as palavras variam (ou se modificam) para indicar se o ser é masculino ou feminino, dizemos que houve *flexão de gênero*.
>
> 3) Quando as palavras variam (ou flexionam) para indicar se há um só ser ou mais de um, dizemos que houve *flexão de número*.

[...].

Agora que você já sabe que *flexão* é a *modificação* das palavras para indicar gênero e número, podemos estudar cada um dos casos. Antes, porém, queremos propor-lhe algumas questões [...]

Comparem-se, agora, as atividades propostas por Ferreira com aquelas propostas, para um tópico semelhante, numa das coleções que lhe são contemporâneas (GUIMARÃES, 1971, p.116-17):

GRAMÁTICA

A) RESUMO
1.º exemplo: "O cãozinho sacudia as orelhas e a cauda."
O substantivo *cauda* está no número SINGULAR porque designa uma única coisa – a cauda do cãozinho.
O substantivo *orelhas* está no número PLURAL porque designa mais de uma coisa – as duas orelhas do cãozinho.
O plural de *cauda* é *caudas* (mais de uma cauda – as *caudas* dos cãezinhos).
O singular de *orelhas* é *orelha* (uma só orelha – a *orelha* direita do cãozinho).
2.º exemplo: "As criaturas pareciam amigas, próximas e cordiais."
Os adjetivos *amigas, próximas, cordiais*, estão no plural.
Singular: *amiga, próxima, cordial*.
Conclusão: Os substantivos e adjetivos apresentam flexão de número, que indica se o ser que se designa é *um* ou *mais de um*.
Observe que também os artigos apresentam uma forma para o substantivo no singular e outra para o substantivo no plural:

a cauda – *as* caudas
o cãozinho – *os* cãezinhos

3.º exemplo: "O piano aberto esperava as mãos que o fariam cantar e as chamas douradas da lareira iam dançando antes da música."
O adjetivo *aberto* está no número *singular*, no gênero masculino, porque modifica o substantivo *piano*, que é masculino e está no número singular.
O adjetivo *douradas* está no número *singular*, no gênero feminino, porque modifica o substantivo chamas, que é feminino e está no número plural.
Conclusão: O adjetivo adota o gênero e número do substantivo que modifica. A êsse fato chama-se *concordância* do adjetivo com o substantivo (o adjetivo *concorda* com o substantivo).

B) ESQUEMA $_{singular}$
   NÚMERO $_{plural}$

C) EXERCÍCIOS
1 – Indique o gênero e o número dos substantivos que aprecem no último parágrafo do texto.
2 – Indique os adjetivos que aprecem no segundo parágrafo do texto e explique as flexões de gênero e número com que se apresentam (mostre que *concordam* com o substantivo a que se referem).
3 – Analise o primeiro período do último parágrafo.

O que me chama a atenção, no exame dos dois textos, é a relação que seus autores constroem com seu contexto, particularmente quanto ao *grau de autonomia*.

Quanto a esse aspecto, o texto de Ferreira possui alto grau de autonomia: Um narrador se dirige diretamente ao aluno-leitor ("Você sabia...?"; "Observe..."; "Você notou..."). Ele se constrói como alguém que está no mesmo espaço e tempo em que o aluno se localiza ("Observe as palavras grifadas *nestas* orações"). Ele evidencia as conclusões a que o leitor deve chegar ("Você notou que..."). Ele faz o ponto de vista do leitor se identificar com seu ponto de vista ("Agora que você já sabe que..."). Tudo se passa, portanto, *como se* a interação entre autor e leitor se fizesse face a face e os dois dialogassem num mesmo espaço e num mesmo tempo. Tudo se passa, correspondentemente, *como se* a interação *não* se fizesse à distância, *como se* o leitor *não* estivesse num local preciso – a sala de aula – e *como se*, por fim, essa interlocução *não* fosse mediada por um outro – o professor. Por meio dessa encenação de sua leitura, portanto, o texto se torna independente de seu contexto de uso, autonomiza-se e passa, ele mesmo, a encarnar a aula, a exposição do conteúdo, e a voz que o mantém torna-se a voz do professor, tendendo a substituir e, assim, excluir os professores que de fato o utilizam da cena de sua leitura.[18]

O texto de Guimarães encena outra forma de ler. Ele se apresenta, em primeiro lugar, como um *resumo*: sintetiza e reúne algo visto em outra parte, em outro lugar. É, portanto, dependente de um contexto, no qual o conteúdo que naquele momento se apresenta ao aluno-leitor foi previamente exposto. Como o livro não apresenta previamente essas exposições, só se pode supor que estejam fora dele, na situação em que é utilizado, vale dizer, na atuação do professor. Assim, o texto supõe que o professor apresente previamente o

---

[18] A respeito da encenação do uso do livro didático, ver Batista (1999).

conteúdo e, se termina por orientar essa apresentação prévia (já que, para haver coerência entre a exposição e seu resumo, o professor deve por ele se orientar), não a substitui. A leitura que o texto encena é, desse modo, dependente do contexto da sala de aula e da atuação do professor: orienta-a, conta com ela, a ela se articula.[19]

Entre os livros didáticos contemporâneos de Ferreira, nota-se a mesma tendência revelada pela análise do texto extraído de Guimarães. Eles se situam, juntamente com o *Português através de Textos*, a meio caminho entre as notas e exercícios quase taquigráficos dos livros que os antecedem e o texto autônomo de Ferreira. É, ao que parece, o padrão proposto pelo autor de *Estudo Dirigido de Português* que irá prevalecer na história recente do livro didático brasileiro para o ensino de Português. Ele vai terminar por se construir como estudos dirigidos (é, afinal, a essa técnica de instrução a que o livro de Ferreira se refere diretamente por intermédio de seu título), como instruções programadas, como um conjunto de atividades a ser realizadas pelo aluno com o *acompanhamento* do professor. Em vez, porém, de se caracterizarem, como essas técnicas, como elementos subsidiários ao trabalho pedagógico, a ser utilizados ao lado de outras técnicas, os livros terminam por identificá-las como a forma por excelência de organização do trabalho em sala de aula. Ao fazê-lo, tornam a organização desse trabalho independente do professor e do contexto da sala de aula e assumem o seu lugar. Tal como se

---

[19] O grau de dependência do livro de Guimarães em relação a seu contexto de utilização pode ser percebido em outros aspectos: por exemplo, comparando-se as atividades propostas nos livros do aluno com aquelas propostas no manual do professor (GUIMARÃES, 1966). Boa parte das atividades do livro do aluno pressupõe atividades a ser realizadas pelo professor. Um exemplo é dado pela exploração do texto: antes de sua leitura, pressupõe-se que o professor realize uma atividade de "motivação"; após a leitura e antes das atividades de interpretação e vocabulário, pressupõe-se que o professor realize a atividade de "explicação" de texto.

caracterizam, os livros didáticos cujo padrão Ferreira inaugura não constituem material a ser utilizado nas aulas: eles se constroem *como se fossem* as aulas. A voz que neles se constitui: em vez de apoiar, manter e subsidiar a voz do professor, apaga-a e a substitui. Sua seqüência torna-se a seqüência das aulas e sua realização passa a marcar o tempo escolar. O livro, portanto, busca anular-se como tal para passar a reunir em si e oferecer os elementos presentes no contexto escolar e se tornar, desse modo, o próprio *contexto escolar*: é um livro, mas é também o caderno de exercícios,[20] a voz do professor, o planejamento, a progressão da aula.[21] São exemplares, quanto a esses aspectos, as instruções de Ferreira (1970, p.IV) ao professor:

> Êste livro foi elaborado de tal forma que as *aulas* estão planejadas de modo claro e seguro (cada aula foi testada várias vêzes por diversos professores em diversas turmas). Os assuntos se sucedem *passo a passo*, com muita exercitação, numa linguagem *direta ao aluno*, o qual não terá dificuldade na compreensão. Isso *dispensa o professor da 'exposição' e permite-lhe tornar-se um 'orientador' do trabalho que o aluno faz por si.*

É essa autonomização do livro em relação ao contexto escolar que me parece uma das principais inovações do livro de Reinaldo Mathias Ferreira. Ele inaugura a era do livro que, embora *descartável*, tende a instituir o trabalho que dele deveria se servir.

Esse novo lugar – subordinado e apagado – que a coleção constrói para o professor em sua cena enunciativa parece resul-

---

[20] Dentre os manuais que, segundo Pfromm *et al.* (1974), renovam os padrões do livro didático de Português no Brasil, no final da década de 1960 e início da década de 1970, a coleção de Ferreira é a primeira "descartável" ou "consumível".

[21] Uma descrição das técnicas de ensino que se difundem no período e de suas relações com o que, então, era denominado "ensino tradicional" pode ser encontrada em Legrand (1973). O modo pelo qual o setor editorial e os livros didáticos interpretam e utilizam essas técnicas é descrito e analisado por Oliveira *et al.* (1984).

tar de uma nova compreensão do professor. Novas práticas colocadas em uso pela série podem auxiliar para evidenciá-la. Essas novas práticas se situam no campo da exploração do fato de que, se o livro didático se destina, antes de tudo, ao aluno, sua utilização (mas também sua adoção) decorre, em grande parte, do professor. Assim, a coleção vai propor um livro que se destina diretamente ao aluno, mas, ao mesmo tempo, vai propor um manual para ensinar ao docente como utilizá-lo. Não é a primeira vez que uma coleção se faz acompanhar de um manual de instruções, embora, ao que tudo indica, não fosse um expediente comum.[22] No entanto, é peculiar e inovadora a forma como Ferreira o utiliza. Em primeiro lugar, por meio dele o autor constrói uma imagem de seu livro didático e das necessidades a que atende. De acordo com essa imagem, ele deixa de ser um recurso auxiliar no desenvolvimento do trabalho do professor e passa a se apresentar ao docente como algo capaz de responder às mais diferentes necessidades e atender aos mais diferentes contextos: é, segundo o autor, um livro "eficiente" e "completo", tendo sido escrito

> por uma equipe que, durante muitos anos, vem mantendo contacto íntimo com alunos de todas as classes, desde os mais bem dotados até os mais humildes,[23] e com professôres de diversas qualificações, desde aquêle que se inicia no magistério sem nenhuma prática até aquêle que se formou numa Faculdade de Filosofia e se especializou.
>
> Consideramos cada caso e procuramos escrever um livro que possa ser utilizado por todos os professôres e por todos os alunos, não importando a situação em se encontrem.
>
> [...].

---

[22] Dentre os livros que aqui analiso (aqueles que antecederam a primeira coleção de Reinaldo Ferreira e aqueles que lhe são contemporâneos), ao que parece, apenas a série de Magda Soares Guimarães possui manual do professor. Determinar com precisão o momento em que emergem esses livros destinados ao professor e os fatores que favorecem essa emergência é uma das tarefas a ser realizada pelo campo de estudos sobre o ensino de Português e sobre o livro didático.

[23] É preciso comentar a oposição entre alunos "bem-dotados" e alunos "humildes"?

> Tendo em vista tudo isso, a obra foi sendo feita e experimentada em cada uma das situações possíveis e foi sofrendo modificações cada vez que isso fôsse necessário. E tantas foram as modificações! Algumas até atingiram a própria estrutura da obra. Não há neste livro, agora, depois da segunda modificação após estar concluído, uma só frase, um só exemplo, um só exercício que não tenha sido analisado relativamente à dificuldade, à clareza, à propriedade. O trabalho que isso deu a esta equipe, só Deus o conhece. (FERREIRA, 1970, p.I)

Além de o manual do professor ser utilizado, portanto, em uma estratégia de *marketing*, é empregado, também, para mostrar ao docente a estrutura do livro, justificá-la e oferecer sugestões para sua utilização (além de, evidentemente, ser utilizado para assegurar ao professor que os conteúdos do livro estão em conformidade com o programa e a legislação do ensino).[24] A apresentação mais geral da coleção, descrita mais acima, já indica o direcionamento que será dado à apresentação desses outros aspectos. Apto a ensinar para qualquer um em qualquer circunstância, testado e "retestado", a ênfase recairá no conjunto de técnicas que poderão fazer o livro "render mais", em detrimento – não há qualquer consideração a esse respeito – da dimensão conceitual e teórica do ensino de Português.[25]

Se esses dois fatores já não bastassem para evidenciar a compreensão do professor que orienta a elaboração do livro, um último poderá fazê-lo. Pela primeira vez, ao que tudo indica, o manual consiste não apenas num conjunto de informações sobre o livro e sobre o modo de utilizá-lo, mas também numa reprodução completa do livro do aluno, acrescida das *respostas* aos seus exercícios. Assim, coerentemente com o grau de autonomia da coleção e com o papel subordinado que constrói para o professor, a imagem de docente que parece ter presidido sua elaboração é a de um profissional que não se caracteriza,

---

[24] A forma pela qual as necessidades de ampla circulação dos livros didáticos e de atendimento a diferentes programas estaduais são conciliadas na produção didática é analisada por Oliveira (1984, p.69-73).

[25] Essa é mais uma diferença entre a coleção de Guimarães e a de Ferreira.

particularmente, pela posse de um conjunto de conhecimentos: por um lado, na apresentação e na justificativa do livro, esses conhecimentos são tomados como dados ou como algo não problematizado; por outro lado, ao dar as respostas, o autor prevê a possibilidade da inexistência do domínio desses conhecimentos. Ao contrário, esse profissional se caracterizaria, antes, como "um técnico", cujas principais competências e preocupações seriam de ordem "técnica" e cujo horizonte de expectativa em relação a um manual didático se identificaria com uma metodologia de sucesso provado – como, afinal, o livro busca se construir e construir sua recepção.

Embora se volte, mais tarde e de modo mais aprofundado, ao modo pelo qual a coleção constrói sua inserção no mercado, são evidentes as relações entre suas características até aqui analisadas e o horizonte de expectativas que a acolhe. Ela é, ao ser lançada, uma série "moderna" para um país que se acredita vocacionado para a "modernidade" e para o desenvolvimento. Constitui-se em torno de técnicas de ensino ("dinâmicas", "neutras" e "eficientes") num momento em que a preocupação com o *meio* é central nos mais diferentes domínios da cultura. Organizando sua modernidade em torno do meio e dos métodos, mantém, porém, intocados aspectos conceituais da tradição do ensino da disciplina, esse núcleo pouco plástico e pouco afeito à transformação. Construindo um alto grau de autonomia em relação ao contexto da sala de aula e ao trabalho do professor, é o livro adequado para um sistema de ensino em acelerado processo de ampliação e de incorporação de docentes e discentes de grupos sociais distantes da cultura escolar. Livro e mercado parecem, assim, vocacionados um para o outro, buscando-se um ao outro.

É essa busca do mercado que, porém, se manifesta de modo ainda mais evidente, quando se analisam alguns indicadores do ciclo de vida da coleção. É que uma de suas principais inovações parece residir em suas estratégias de sobrevivência num mercado cada vez mais competitivo. Essas estratégias se caracterizam, basicamente, como formas de "agiornamento": para sobreviver e se manter no mercado, o manual se altera continuamente para incorporar novas expectativas e tendências do mercado, sem modificar sua relação com a tradição do ensino de Português e as características que parecem lhe assegurar seu sucesso.

Ao longo de seu ciclo de vida, a coleção sofreu diferentes formas de "agiornamento", que podem ser percebidas (embora de modo lacunar, já que não possuo a série completa de edições) quando se examinam algumas de suas edições. As edições de 1970 e 1971 mantiveram-se inalteradas.[26] No entanto, em 1972, a coleção é reformada. Utilizando o primeiro livro da coleção como exemplo, percebem-se as seguintes alterações: sua folha de rosto passa a indicar, com a reforma do ensino realizada no ano anterior, que se destina à 5ª série do 1º grau; sem que se alterem sua estrutura e seu projeto gráfico, são feitas algumas modificações superficiais na parte de estudo gramatical e promovidas mudanças significativas na parte de estudo de textos; seguindo as novas práticas de seleção de textos empregadas pelas outras coleções de sucesso que lhe são contemporâneas, o livro recebe número maior de textos em relação às edições anteriores, e muitos deles são substituídos por novos: nesse caso, autores contemporâneos substituem os mais antigos e o conteúdo moralizante – embora mantido na exploração do textos e no contexto para eles criado (como

---

[26] Embora algumas alterações significativas tenham sido feitas na apresentação do livro no manual do professor (dentre elas, a correção da "gafe" decorrente da oposição entre alunos "bem-dotados" e alunos "humildes") e merecessem, num estudo mais aprofundado, ser analisadas, outras duas modificações podem, ainda, assumir interesse especial. A primeira delas diz respeito à caracterização do processo de produção do livro como trabalho de equipe, feita na primeira edição. Essa caracterização será substituída por um neutro pronome "nós". Tendo em vista as modificações que, no período, passam a ocorrer no processo de produção dos livros didáticos em geral (OLIVEIRA *et al.*, 1984) – o aparecimento, ao lado do trabalho de "autoria", de um trabalho de equipe editorial –, a alteração pode ser significativa. A segunda modificação diz respeito à supressão da referência religiosa feita ("só Deus sabe").

se verá mais à frente) – tende a desaparecer nos textos propriamente ditos.

A edição de 1973, por sua vez, faz outras modificações: mantém os mesmo textos, grande parte das atividades presentes na edição anterior, e, sem também alterar sua estrutura e seu projeto gráfico mais geral, apresenta nova capa, mais colorida (reproduzida abaixo), em que o título é apresentado dentro de um balão de história em quadrinhos, uma das novas "linguagens" que marcaram o ensino de Comunicação e Expressão:

Edição de 1973 de *Estudo Dirigido de Português*, de Reinaldo Mathias Ferreira. Setor de Documentação do Ceale; Biblioteca da Faculdade de Educação da UFMG.

Outra alteração diz respeito à inserção, nos exercícios de estudo de textos, de atividades que exploram ilustrações e a linguagem não-verbal, como aquela reproduzida abaixo. Além disso, a qualidade da publicação aumenta: as ilustrações (embora, em grande parte, as mesmas das edições anteriores) recebem um colorido em diferentes tons de vermelho.

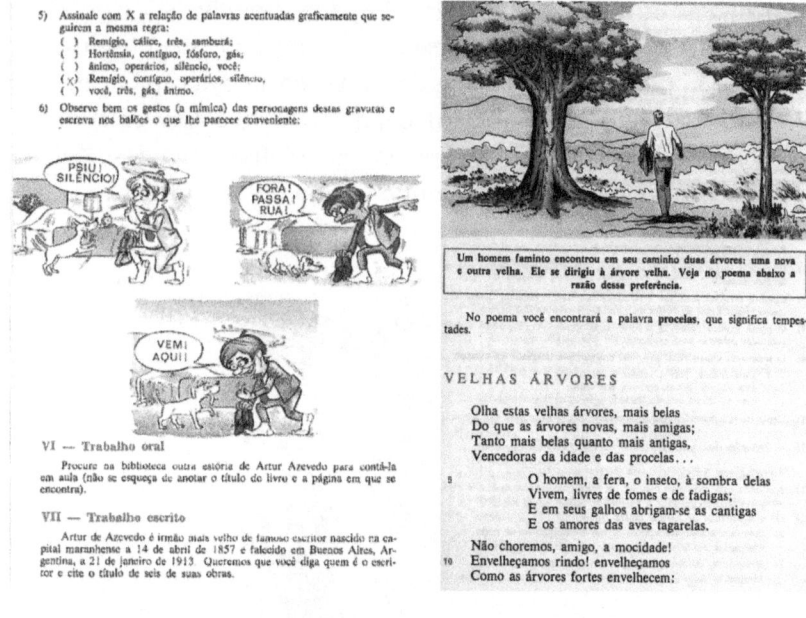

Páginas 66 (à esquerda) e 67 (à direita) da edição de 1970 de *Estudo Dirigido de Português*. A primeira marca o fim e a segunda o início de um capítulo. Setor de Documentação do Ceale; Biblioteca da Faculdade de Educação da UFMG.

Não foi possível encontrar outras edições da coleção para os anos seguintes, nem informações sobre elas. Em 1977, no entanto, já existe no mercado uma nova coleção do autor: *Comunicação: atividades de linguagem*.

Capa de *Comunicação*, de Reinaldo Mathias Ferreira. Setor de Documentação do Ceale; Biblioteca da Faculdade de Educação da UFMG.

No quadro das alterações do ensino de Português promovidas pela Lei n. 5.692 e das transformações por elas geradas no mercado,[27] não foi mais possível, ao que tudo indica, fazer a coleção anterior sobreviver mediante modificações superficiais. A nova coleção é, assim, resultado de uma estratégia de "agiornamento" mais radical que

---

[27] Uma das coleções contemporâneas do livro de Ferreira, *Português através de textos*, de Magda Soares Guimarães, já havia sido substituída, em 1972, por uma nova coleção da autora (SOARES, 1972, SOARES; PEREIRA, 1973), que aprofunda as características inovadoras da coleção anterior e desenvolve às últimas conseqüências as diretrizes da nova legislação (particularmente da Resolução n. 8, de 1º de dezembro de 1971, do Conselho Federal de Educação – que fixa o núcleo-comum para os currículos do ensino de 1º e 2 º graus, e do Parecer n. 853/71, do mesmo Conselho, que acompanha a resolução).

as anteriores. Por um lado, incorpora os novos objetivos (o uso da língua), os novos "conteúdos" (o processo de comunicação, as diferentes "linguagens", os textos não-literários), a nova metalinguagem (signos, mensagem, códigos), os novos exercícios (os estruturais) da nova disciplina criada pela reforma de 1971, assim como duas das inovações mais importantes dos livros contemporâneos à coleção anterior (os textos de escritores modernos e a inclusão das atividades de gramática no interior do estudo de textos). Ao mesmo tempo, por outro lado, mantém as características que parecem, em grande parte, responsáveis por seu sucesso anterior: o grau de autonomia do contexto da sala de aula, o uso intensivo da ilustração e de um projeto gráfico de impacto, o mesmo enquadramento moralizante construído para os textos e para sua exploração, a mesma estrutura para as atividades de estudo de texto (estudo das idéias, do vocabulário, de composição, etc.) e, enfim e mais importante, a mesma preocupação com o ensino de nomenclatura gramatical presente na coleção anterior, assim justificada no encarte destinado ao professor:

> O estudo gramatical visa primordialmente ao *uso* das estruturas frasais necessárias a uma *comunicação* eficaz. Entendemos, *porém*, que esse processo deve evoluir até as *conclusões normativas* para que o estudo melhor se alicerce. Este livro tem, assim, esse *duplo enfoque gramatical: automatização das estruturas* e *conclusões normativas*. Com essa sistemática obrigamos o aluno a um trabalho analítico, anulando as possibilidades de repetição puramente mecânica. (FERREIRA, 1977, p.III, grifos meus)

Não foi possível obter informações sobre a circulação dessa nova série do autor ou sobre sua aceitação pelo mercado. Em 1986, no entanto, uma terceira série está sendo publicada. Integra a relação dos livros distribuídos às escolas pela FAE e dela constou até 1992, quando, ao que parece, a editora deixou também de divulgá-la:[28] *Português*.

Capa da edição de 1986 de *Português*. Setor de Documentação do Ceale; Biblioteca da Faculdade de Educação da UFMG.

Após as críticas à "disneylândia pedagógica" (LINS, 1977b) em que os livros da disciplina haviam se transformado, do intenso debate sobre o livro "descartável"[29] e da nova legislação que, determinando o retorno à antiga denominação

---

[28] Não foi possível determinar o ano da primeira edição da coleção. Foi localizado um exemplar da 11ª edição, com projeto gráfico diferenciado, de 1983. As informações sobre a presença do livro nas listas de aquisição da FAE foram fornecidas pela Diretoria Pedagógica da Secretaria de Educação de Minas Gerais, em 1995. A informação de que o livro não é mais divulgado nas escolas foi fornecida pela sucursal da Ática em Belo Horizonte, no mesmo ano.

[29] Cf., por exemplo, Oliveira *et al.* (1984), especialmente os capítulos "A produção do livro didático: pedagogia e economia" (p. 69-82) e "O livro didático em uso" (p. 97-110).

da disciplina, sanciona o fracasso da experiência com a Comunicação e Expressão, o "agiornamento" consiste, agora, no retorno à primeira coleção do autor: retomada de sua estrutura dicotômica (estudo de textos de um lado, estudo gramatical de outro),[30] da ênfase em nomenclatura gramatical, das mesmas recomendações aos professores, dos mesmos exercícios, da mesma encenação de sua leitura, de muitos dos antigos textos.

---

[30] Na nova coleção, no entanto, o autor indica, no livro do aluno e do docente, os momentos em que o professor deve alternar atividades das diferentes partes.

Capítulo 3

UM TEXTO "ESCOLAR" PARA O ALUNO

"São Francisco", de Vinicius de Moraes, é um desses textos da nova coleção. Sua primeira entrada nas coleções se faz no primeiro "agiornamento" a que é submetido o *Estudo Dirigido de Português* e integra aquele conjunto de textos de escritores contemporâneos que substituem aqueles mais antigos e conservadores, no livro destinado à 5ª série. Na publicação da segunda coleção – *Comunicação* – o poema é retirado. Em seu retorno, em *Português*, volta a integrar os textos que compõem o volume da 5ª série:

Unidade 10 de *Português*, de Reinaldo Mathias (p.64) Setor de Documentação do Ceale; Biblioteca da Faculdade de Educação da UFMG.

> Conhecido um pouco da vida de tão extraordinária personagem, podemos propor-lhe algumas questões: *
>
> 1. São Francisco de Assis é conhecido como *il poverello* (o pobrezinho). Sem citar o verso 4, que indicações do poema demonstram que esse cognome (apelido) lhe fica bem?
>   R. – Pé descalço, levando nada no ombro, dormindo no relento.
> 2. Que verso do poema serve para ilustrar esta cena?
>   R. – Saúde, irmão lenho 18a.
>
> 3. São Francisco de Assis identificou-se com muitos seres da Natureza. Que versos do poema demonstram essa identificação? R.: Versos 15 e 14, 15 e 16, 23 e 24.
> 4. Acrescentamos **-inho** ou **-zinho** às palavras geralmente para indicar o grau diminutivo. Podemos, também, com esses acréscimos, indicar nosso carinho, afeição. Por que o poeta escreveu **pobrezinho, menininho, Jesuscristinho**?
>   R.: Para indicar carinho, afeição (mostrando pelo ser. al, zoou diminutivo).
> 5. Explique com outras palavras a mensagem dos versos 17, 18, 19 e 20.
>   R.: São Francisco leva a imagem de Cristo pendurada no pescoço por um cordão.
> 6. Explique o que você aprendeu com a leitura do poema.
>   Resposta pessoal.
>
> ## II - Estudo do vocabulário e das expressões
>
> Com a ajuda de seu dicionário, procure resolver estas questões:
>
> 1. Copie a frase seguinte e a opção que a completa:
>   No verso 8, aparece o substantivo **ribeirinho**, que é:
>   a) aquele que vive nos rios.
>   x b) rio pequeno.
>   c) terreno que margeia um rio.
>
> 2. Copie a frase seguinte e a opção que a completa:
>   Com a mesma significação de **ribeirinho**, existe a palavra:
>   x a) riacho.   b) ribeirão.   c) lagoa.   d) riachão.
>
> 3. Vinícius de Moraes diz que São Francisco **fazia festa no menininho** (versos 21 e 22). Copie a frase seguinte e a opção que a completa: **Fazer festa**, aí no poema, é:
>   a) demonstrar contentamento.   c) promover festividade.
>   x b) acarinhar, agradar.   d) consolar, confortar.
>
> * Seguir a orientação que demos na página 9.

Estudo de texto e do vocabulário da Unidade 10 de *Português*, de Reinaldo Mathias (p. 66). Setor de Documentação do Ceale; Biblioteca da Faculdade de Educação da UFMG.

Em relação ao livro de Vinícius de Moraes do qual foi retirado (como indica a referência localizada ao final do poema), o texto sofre uma série de alterações. Em primeiro lugar, "alterações em sua letra" (CHARTIER, 1989, p.128-131). Ao integrar esse novo livro, ele é pontuado, apenas as iniciais dos versos que iniciam um período passam a receber letras maiúsculas, diferenciam-se as vozes do narrador e da personagem por meio das convenções gráficas do discurso direto e os versos são numerados.

Em segundo lugar, o poema sofre alterações em seu contexto gráfico. Se, na coletânea do qual foi retirada, a mancha do texto ocupa uma parte de destaque – o centro de uma página ímpar –, em seu novo suporte ela é colocada numa página par, alguns centímetros abaixo da margem superior e deslocada para o seu lado direito, no qual as extremidades de suas linhas e de seu título se escondem na costura do volume. O destaque é, desse modo, dirigido, primeiro, para mancha criada por um título e por textos situados na margem superior esquerda (que, colocada acima do poema, subordina-o graficamente) e, depois, para o centro da página, onde se situa uma representação de São Francisco. A partir dessa representação, a ilustração (de um colorido em tom pastel) expande-se para a margem esquerda, por meio de um galho de árvore colocado em primeiro plano, no qual se sustenta um esquilo (também em primeiro plano), e de sua folhagem que, subindo ao longo da margem esquerda e se expandindo ao longo da superior, termina por emoldurar toda a página até o canto superior direito, em que duas pombas voam em direção a São Francisco. Em razão dos motivos colocados em primeiro plano como moldura, das margens de um riacho que servem de fundo à figura do santo e da perspectiva, o olhar do observador se dirige diretamente para a representação de São Francisco – de hábito, com os pés descalços e levando ao ombro um bornal –, de braços abertos e mãos espalmadas, como a abraçar o entorno. Em seu rosto, uma expressão entre o júbilo e a dor: os olhos não se fixam em ponto algum, mas se dirigem para um lugar situado acima do observador, e as linhas das sobrancelhas, assim como as da boca, fazem um trajeto descendente. Tudo muito diferente, portanto, do contexto gráfico em que o poema se situa em *A Arca de Noé*, da dicção infantil de suas ilustrações, da representação do santo que sorri, da ausência de uso da cor, do destaque dado ao texto.

Mas, no livro didático, o poema sofre ainda alterações em seu contexto textual e na leitura que encena. Em seu novo suporte, desaparece o conjunto de relações que o constituíam. Não integra mais um livro de "literatura infantil" de um escritor "não-infantil". Assim sendo, são, de um lado, suspensas suas relações com o gênero destinado à criança, com a estratégia por meio da qual no mercado se inseria, com os outros "livros infantis" com os quais dialogava e dos quais se diferenciava; de outro lado, são também suspensas suas relações com os demais poemas da coletânea ("A arca de Noé", "O pato", "A porta", "A casa", "O elefantinho", etc.) nos quais adquiria sentido. No novo suporte, ele é parte de um livro didático e, como indica o título – "Unidade 10" –, disposto no alto da página, que o subordina, integra atividades destinadas ao estudo de textos. Passa a ser, assim, um texto a ser estudado e não, como propõe *A Arca de Noé*, um texto para divertir e dar prazer. À sua leitura se seguirá – de acordo com o esquema didático utilizado em todas as coleções de Reinaldo Mathias Ferreira – o "estudo das idéias", um conjunto de exercícios organizados, segundo o manual do professor, como uma fase do esquema em que "o professor verifica se houve compreensão do texto" (FERREIRA, 1986, p.IV). Em seguida, virá o "estudo do vocabulário", por meio da qual se buscará "incorporar com propriedade ao uso diário do educando novas palavras e expressões" (FERREIRA, 1986, p.IV) que aparecem no texto. Mais tarde, será a vez do "estudo da estrutura do texto", que terá por objetivo "identificar o plano de composição do autor, separando o texto em partes" e, assim, demonstrando "ao aluno a utilidade do planejamento e prepará-lo para desenvolver a proposta de redação" (FERREIRA, 1986, p.IV). E, depois: as atividades de "redação", de "ortografia e ditado", as "atividades orais", a "atividade escrita baseada em texto",[1] o estudo gramatical e, por fim, uma nova unidade, com um novo texto, estudado em torno do mesmo esquema didático.

Desse modo, o caráter significativo do poema, a autonomia que constrói para si como um discurso "literário" e a leitura que para si encena como uma leitura "desinteressada" estarão subordinados a novo uso do texto: instrumental, dependente de um esquema didático, interessado em, por meio dele, realizar

---

[1] Todos os exercícios tematizam, com exceção do ditado, "pessoas admiráveis" como São Francisco.

um trabalho de ensino da língua. Ele não é para ser lido descompromissadamente, mas para ser estudado.

No entanto, esse apagamento do caráter significativo do texto só se dá parcialmente. Embora se tenha convertido em exemplo para o ensino de vocabulário e em instrumento para o ensino de redação e da linguagem oral, ele é explorado também como tal (vale dizer, como um texto), e sua compreensão é avaliada no exercício de estudo de texto. Se é assim, esse exercício, por meio da força performativa que lhe garante sua função de avaliação, institui uma leitura do texto que não se identifica com seu simples estudo e a encena ao, formulando as questões que visam verificar "se a compreensão se deu", definir um horizonte daquilo que é passível de, por meio dele, ser compreendido. A última questão proposta nesse exercício evidencia o quadro em que o poema deve ser compreendido. Nela se pede:

"6. Explique o que você aprendeu com a leitura do poema."

Se a questão pede (e não se pode subestimar a força performativa desse pedido) que o aluno explique o que aprendeu com a leitura é porque o poema ensina alguma coisa. No entanto, como já se viu, o poema de *A Arca de Noé* não se propõe a ensinar algo. Nesse seu antigo suporte, o poema desencoraja aqueles que dele se aproximam a buscar realizar, por intermédio de sua leitura, uma função pedagógica. Embora tenha por tema um santo, que, como tal, é por excelência um modelo e exemplo de comportamento e veículo de transmissão de valores, nele nada se fala de alguém que abandonou uma vida de luxo para viver na pobreza, mas de um santo alegre, que vive numa espécie de disponibilidade existencial. Nele, nada indica, ostensivamente, um ponto de vista que julga ou avalia os comportamentos e as ações do santo, e o olhar que o descreve é predominantemente constativo. O que nele se evidencia e se coloca em primeiro plano é, antes, o aspecto lúdico da linguagem, por meio do qual o autor brinca com os sons e ritmos e convida ao prazer da manipulação da linguagem e a atentar menos para o que "as palavras dizem" do que a seu "jogo sonoro" (COELHO, 1983, p.896). É justamente pela negação da função pedagógica que o poema e a coletânea de que faz parte realizam sua inserção no mercado da leitura infantil e é mediante a frustração dessa expectativa pedagógica que são lidos e sancionados pela instituição literária, cujo discurso sobre os poemas de Vinicius de Moraes se constrói, coerentemente, de modo negativo: ele fala de um santo (*ir-*)reverente, *sem* "celebrá-lo", *sem* "pietismo ou pieguismo", *sem* "cerimônia" (MARTINS, 1989, p.103) e o apresenta *sem* "pedagogismos *nem* doutrinação". (PONDÉ, 1986, p.144)

É, no entanto, precisamente nesse quadro – que o poema e uma comunidade interpretativa negam – que o livro didático o lê. Para fazer com que os alunos que utilizam o livro também o faça, o autor, porém, precisa evidenciá-lo. Assim, ele irá apontar, no pequeno texto com função motivadora[2] que se segue à indicação da unidade e antecede o texto de leitura, que

> um homem *deu tudo o que possuía aos pobres* e *passou a cuidar daqueles que precisavam de sua ajuda*. O poema que vamos estudar fala nesse homem. Você gostaria de conhecê-lo? (FERREIRA, 1986, p.64, grifos meus)

Se esse pequeno texto já não bastasse para inserir o texto no quadro de uma função pedagógica contra a qual ele se construiu e sua leitura pela crítica foi construída, o "estudo das idéias" começa com as seguintes informações:

> Antes de falarmos sobre o poema de Vinícius de Moraes, queremos dizer-lhe que São Francisco de Assis nasceu em Assis, Itália, em 1182 e morreu em 1226. *Dedicou-se integralmente à*

---

[2] Em todas as três coleções do autor, o texto a ser estudado é precedido de um pequeno texto que apresenta "uma *situação*" e "um *problema*", "cuja solução se tornará possível com a leitura do *texto literário*" (FERREIRA, 1986, p.IV, grifos do autor).

causa dos necessitados. Por causa do *constante contato com a Natureza* e *do profundo sentimento de amor*, identificou-se com todos os seres, chamando-os de irmãos: irmão sol, irmão vento, irmão fogo.

Conhecido um pouco da vida de *tão extraordinária personagem*, podemos propor-lhe algumas questões [...]. (FERREIRA, 1986, p.64-65, grifos meus)

Assim, o texto de Vinicius de Moraes passa a ensinar algo: o exemplo de "tão extraordinária personagem", que abandona "tudo o que possuía" para dedicar-se "integralmente à causa dos necessitados" e que, por um "profundo sentimento de amor", identifica-se "com todos os seres".

Por sobre o texto retirado de *A Arca de Noé*, por sobre suas ruínas, um novo texto, portanto, é construído. Em seu novo suporte, assume todas as funções contra as quais seu modo de inserção no gênero infantil se coloca. Por meio de sua nova "letra", de suas relações com outros textos e exercícios que compõem o livro, com suas ilustrações e contexto gráfico, ele passa a ser, agora, um exemplo de vocabulário, um exemplo de estrutura de redação, um exemplo de uso da língua (daí ter sido pontuado), um exemplo de valores e comportamentos. Desse modo, encena uma nova leitura. Ler é, antes de tudo, *aprender*. Por um lado, é a forma pela qual se pode ampliar o vocabulário e escrever melhor. Por outro, porém, compreendê-lo significa descobrir um ensino oculto, que cumpre manifestar e guardar uma lição, uma mensagem para a vida, um valor.

Esse modo de encenar a leitura do texto poderia estar relacionado ao suporte original do qual foi extraído. É que, quando passa, pela primeira vez, a integrar uma das coleções de Reinaldo Mathias Ferreira, a Coleção *Estudo Dirigido de Português*, o poema é retirado de outro livro que não *A Arca de Noé*. Uma vez que a exploração feita para o texto na coleção mais recente é a mesma feita na coleção mais antiga, com algumas poucas alterações (como se pode comprovar abaixo), ela poderia decorrer, assim como a leitura que encena, do livro do qual foi originalmente retirado.

Um homem deu tudo o que possuía aos pobres e passou a cuidar daqueles que precisavam de ajuda. O poema que vamos estudar fala nesse homem. Você gostaria de conhecê-lo?

No poema aparece uma palavra cuja significação você deve conhecer agora:

surrão: bôlsa ou saco destinado ao transporte de alimentação dos pastôres.

SÃO FRANCISCO

Lá vai São Francisco
pelo caminho,
de pé descalço,
tão pobrezinho,
5   dormindo à noite
junto ao moinho,
bebendo a água
do ribeirinho.

Lá vai São Francisco
10   de pé no chão,
levando nada
no seu surrão;
dizendo ao vento:
— Bom dia, amigo!
15   dizendo ao fogo:
— Saúde, irmão!

Lá vai São Francisco
pelo caminho,
levando ao colo
20   Jesuscristinho,
fazendo festa
no menininho,
contando histórias
pros passarinhos

VINICIUS DE MORAIS, *Antologia Poética de Henriqueta Lisboa*, Instituto Nacional do Livro, Rio de Janeiro, 1961, p. 11.

Dados bioblibliográficos do autor: Marcus Vinicius Cruz Melo de Morais nasceu na Guanabara, a 19 de outubro de 1913. Estudou Direito. Muito tem feito a bem do Brasil através da música, da poesia, do teatro e do cinema. Foi representante diplomático do Brasil nos Estados Unidos e em Paris. Escreveu, entre outras: *O Caminho para a Distância* (1933), *Forma e Exegese* (1935), *Ariana, a Mulher* (1936), *Novos Poemas* (1938), *Poemas, Sonetos e Baladas* (1946), *Para Viver um Grande Amor* (1968).

I — Estudo das idéias

Antes de falarmos sôbre o poema de Vinicius de Morais, queremos dizer-lhe que São Francisco de Assis nasceu em Assis, Itália, em 1182 e morreu em 1226. Dedicou-se integralmente à causa dos necessitados. Por causa do constante contato com a natureza e do profundo sentimento de amor, identificou-se com todos os sêres, chamando-os de *irmãos*: irmão sol, irmão vento, irmão fogo.

Conhecido um pouco da vida de tão extraordinária personagem, podemos propor-lhe algumas questões:

1) São Francisco é conhecido como "il poverello" (o pobrezinho). Que indicações do poema (exceto o verso 4) mostram que êste cognome lhe fica bem?

2) Você já sabe que as terminações *-inho* e *-zinho* nem sempre indicam diminuição. Com que intenção o poeta empregou: *pobrezinho*, *ribeirinho*, *Jesuscristinho*?

3) A bondade de São Francisco transparece no poema. Como se pode chegar a essa conclusão?

4) Que podemos aprender com o exemplo de São Francisco? Explique.

II — Estudo do vocabulário e das expressões

Com a ajuda de seu dicionário, procure resolver estas questões:

1) *Ribeirinho* (verso 8) é:
( ) aquêle que vive nos rios.   ( ) aquilo que margeia um rio.
(X) rio pequeno.

2) Com a mesma significação de *ribeirinho*, existe a palavra:
(X) riacho   ( ) ribeirão   ( ) lagoa   ( ) riachão

3) No verso 19 aparece a palavra *colo*. Use-a em três frases.

4) Vinicius de Morais diz que São Francisco *fazia festa no menininho* (verso 21). *Fazer festa* é:
( ) festejar, promover festividade.
( ) alegrar-se, demonstrar contentamento.
(X) acarinhar, agradar.

5) O verbo *fazer* aparece em muitas expressões. Conheça algumas, relacionando as colunas seguintes:

a) Hemengarda fêz a *caveira* de Clotilde.   (*e*) passar tempo, esperar as horas correrem
b) Zezé, deixe de *fazer arte!*   (*c*) fazer projetos sem fundamento
c) A Deolinda vive *fazendo castelos no ar.*   (*a*) delatar, acusar
d) Com relação ao incidente, Alice não devia *fazer de argueiro um cavaleiro.*   (*b*) traquinar
e) Não fique aí *fazendo hora*, Alcides.   (*d*) exagerar, dar valor excessivo ao que não o possui
f) Gilberto, diante do caso, *fêz-se de burro para comer capim.*   (*f*) mostrar-se desentendido para obter vantagem

São Francisco faz sua entrada no *Estudo Dirigido de Português*, de Reinaldo Mathias Ferreira em sua quinta edição de 1972, p.77-79. Setor de Documentação do Ceale; Biblioteca da Faculdade de Educação da UFMG.

Trata-se, como indica a referência bibliográfica apresentada ao final do poema, de uma antologia poética para jovens e crianças, organizada por Henriqueta Lisboa. Editada pela primeira vez em 1961, pelo Ministério da Educação e Cultura e pelo Instituto Nacional do Livro, a coletânea poderia encenar outra leitura do poema de Vinicius de Moraes diferente daquela visada mais tarde, quando publicado, com outros poemas do autor, em *A Arca de Noé*.

Com efeito, seus editores parecem indicar um direcionamento a um público escolar e, no prefácio redigido para antologia, redigido em 1958, Henriqueta Lisboa se mostra muito distante da visão da leitura infantil como uma atividade desinteressada e independente de uma função didática – concepção que só mais tarde iria ser gestada. No entanto, ao mesmo tempo, a organizadora da antologia condena veementemente, no prefácio, a literatura que se tende, então, a ser apresentada ao "escolar brasileiro", deplora a subordinação do literário ao pedagógico e inclui escritores não-infantis na coletânea.[3] Além disso, vê na antologia um instrumento para a educação artística da criança e não, particularmente, pelos conteúdos que transmitiria, mas pelo próprio valor estético dos poemas, elemento no qual, para ela, reside a única lição que a poesia pode transmitir.[4] O fato de dirigir-se a um público em formação impõe, de acordo com sua visão, menos um dever de inculcar valores do que uma censura:

> Paralelamente ao critério artístico, busquei atender a imperativos de ordem moral, evitando qualquer motivo de depressão psíquica, languidez, angústia, paixão, desordem: o que pudesse, acaso, ferir a delicadeza de almas imaturas.

---

[3] Dentre eles, Carlos Drummond de Andrade e Fernando Pessoa.

[4] "Apresenta-se quase sempre ao escolar brasileiro, sob o rótulo de poesia, certo artigo prosaico, naturalmente com muito boas intenções. No caso, o engano redunda em desserviço. O pseudopoema, de versos mecanicamente inflexíveis e substância normativa, à feição de uma flor de papel, desorienta e deforma o gosto natural. A verdade é que o magistério da poesia está no seu valor: lição da poesia deriva de sua própria essência" (LISBOA, 1961).

Trata-se êsses poemas de assuntos que interessam de modo peculiar a criança e adolescentes. Aqui se manifestam sentimentos nobres sem doblez, conceitos de vida naturalmente elevados, gestos graciosos sem afetação, paisagens de agradável colorido (introspectivas ou exteriores), tudo através de uma dicção, tanto quanto possível, singela, sem vulgaridade ou balbucio. (LISBOA, 1961)

Por mais que se possam julgar conservadoras essas afirmações, esquecendo-se de que datam de 1958, é preciso convir que estão muito distantes da leitura moralizante encenada por Reinaldo Mathias Ferreira para o poema de Vinicius de Moraes, e é pouco provável que essa encenação decorra do livro do qual foi retirado.[5] Mesmo que fosse provável, esse fator não explicaria sua permanência na nova coleção, que vinha sendo editada em 1986 e que indica ter retirado o texto de *A Arca de Noé*.

Ao que tudo indica, o conflito entre, de um lado, a leitura encenada pelo poema na coletânea organizada por seu autor e, de outro, aquela encenada no livro didático se insere no quadro das estratégias de "agiornamento" que marcam a vida editorial da coleção didática e, por meio delas, suas relações com o mercado e com o ensino de Português. Do mesmo modo que a coleção inaugura um novo padrão gráfico para o livro didático e, simultaneamente, conserva uma forma de ilustrar próxima da tradição didática, bem como da mesma maneira que inaugura uma preocupação com o aluno e com o meio, mas, ao mesmo tempo, reafirma a tradição do ensino da disciplina, ela utiliza as novas soluções dadas por outras coleções para a seleção de textos, mas os enquadra numa forma de lê-los e explorá-los que possui firmes raízes na tradição do ensino da disciplina.

---

[5] Apenas a título de esclarecimento, na antologia de Henriqueta Lisboa, o poema de Vinicius de Moraes não foi transcrito do mesmo modo que em *A Arca de Noé*. A transcrição feita tampouco é, porém, a mesma feita por Reinaldo Mathias Ferreira. No livro organizado pela poeta mineira, não são representadas estrofes, os finais de versos não são pontuados, a não ser que terminem um período e apenas os versos que os iniciam recebem letra maiúscula.

O texto de Vinicius de Moraes passa a integrar o livro didático, como já indiquei, num de seus primeiros "agiornamentos", por meio do qual, entre outras alterações, foi substituído um conjunto de textos com fundo moralizante e de escritores do século passado e do início deste por textos contemporâneos que não impunham um conteúdo moral ou ideológico evidente. O quadro abaixo evidencia essas modificações:

QUADRO 2
Comparação entre os textos para leitura em Ferreira
(1970 e 1972)

Edições	Título	Autor	Caracterização do texto
1970 e 1972	O cego e o dinheiro enterrado	Luiz da Câmara Cascudo	Conto tradicional brasileiro; 1. ed. 1946
1970	A esmola do pobre	Júlio Dinis	Lit. Portuguesa; século XIX
1972	Mulinha	Carlos Drummond de Andrade	Poesia brasileira; 1. ed. 1968
1970 e 1972	Uma maravilha andar de avião	Alberto Deodato	Crônica brasileira; ed. 1964
1970	Minha mãe	Edmundo De Amicis	Poema; literatura infantil italiana; século XIX
1972	Cidadezinha do interior	Cassiano Ricardo	Poesia brasileira; 1. ed. 1928
1970	O compadre da morte	Luiz da Câmara Cascudo	Conto tradicional brasileiro; 1 ed. 1946
1972	Macacos me mordam	Fernando Sabino	Crônica brasileira; 1. ed. 1960
1970	A escrava	Artur Azevedo	Poema brasileiro; século XIX
1972	A minha rua	Mário Quintana	Poema brasileiro; ed. 1966
1970 e 1972	Um pé de milho	Rubem Braga	Crônica brasileira; 1. ed. 1948
1970	A consciência	Antônio Bôto	Literatura infantil/didática portuguesa; ed. [s.d.]
1972	Balõezinhos	Manuel Bandeira	Poesia brasileira; ed. 1969 (5. ed.)
1970	A abelha e a rosa	Cleómenes Campos	Poesia brasileira; ed. 1923
1972	O passeio do Guedes	Artur de Azevedo	Conto brasileiro; 1. ed. 1897
1970 e 1972	Velhas árvores	Olavo Bilac	Poema brasileiro; ed. 1918 (6. ed.)
1972	Baleia	Graciliano Ramos	Romance brasileiro; 1. ed. 1938
1972	São Francisco	Vinicius de Moraes	Lit. infantil brasileira; 1. ed. 1970
1970 e 1972	Uma confusão das grandes	Viriato Correa	Literatura infantil brasileira; ed. 1965 (13. ed.)1
1972	Tio Ricardo	Lúcia Benedetti	Conto brasileiro; século XX; ed. [s.d.]

Do total de 11 textos presentes na edição anterior, apenas cinco resistem ao "agiornamento". Desses cinco, apenas um deles, o poema de Olavo Bilac, assume um direcionamento pedagógico e moralizante. Todos os seis textos retirados assumem esse direcionamento e são substituídos, predominantemente, por obras de escritores contemporâneos, nas quais essa tendência pedagógica não é evidente ou é inexistente: sai "A esmola do pobre", de Júlio Dinis, e entra "A mulinha", de Carlos Drummond de Andrade; Amicis é substituído por Cassiano Ricardo, Artur Azevedo por Mário Quintana; em vez de ter aprender o que diferencia uma boa de uma má ação, com o português Antônio Bôto, os alunos passam a acompanhar Manuel Bandeira, com "Balõezinhos", e assim por diante. Os textos assumem, dessa forma, uma dicção contemporânea, uma linguagem moderna e viva.

No entanto, todos esses novos textos, assim como o poema sobre São Francisco, recebem, em seu novo suporte, indicações (na ilustração, nos textos motivadores do autor livro didático, nos exercícios por ele propostos, na relação com os outros textos presentes no livro) que evidenciam aos seus leitores os protocolos por meio dos quais devem ser lidos e a leitura que deles deve ser feita. Esses textos que trazem uma linguagem contemporânea ao livro didático devem ser lidos para se aprender, para conhecer como se comportar, para descobrir o certo e o errado:

QUADRO 3
Caracterização dos textos para leitura em
Ferreira (1972)

Título	Autor	Caracterização do texto	Quadro mental
O cego e o dinheiro enterrado	Luiz da Câmara Cascudo	Conto tradicional brasileiro; 1. ed. 1946	Curiosidade; tem "muita coisa engraçada"; esperteza
Mulinha	Carlos Drummond de Andrade	Poesia brasileira; 1. ed. 1968	A mulinha "é importante em seu humilde trabalho"
Uma maravilha andar de avião	Alberto Deodato	Crônica brasileira; ed. 1964	Curiosidade
Cidadezinha do interior	Cassiano Ricardo	Poesia brasileira; 1. ed. 1928	Descrição de uma cidadezinha; embora pequena, apresenta características notáveis
Macacos me mordam	Fernando Sabino	Crônica brasileira; 1. ed. 1960	Identificação com personagem; descoberta de exageros
A minha rua	Mário Quintana	Poema brasileiro; ed. 1966	Recursos para "dar confôrto a quem precisa"
Um pé de milho	Rubem Braga	Crônica brasileira; 1. ed. 1948	O que é mais importante: um pé de milho ou o contato com a lua através de radar?
Balõezinhos	Manoel Bandeira	Poesia brasileira; ed. 1969 (5. ed.)	Curiosidade
O passeio do Guedes	Artur de Azevedo	Conto brasileiro; 1. ed. 1897	Curiosidade
Velhas árvores	Olavo Bilac	Poema brasileiro; ed. 1918 (6. ed.)	"Devemos envelhecer com alegria, consolando os outros"
Baleia	Graciliano Ramos	Romance brasileira; 1. ed. 1938	O sacrifício da cachorra: você faria o mesmo que seu dono?
São Francisco	Vinicius de Moraes	Lit. infantil brasileira; 1. ed. 1970	Ele "deu tudo o que possuía aos pobres e passou a cuidar daqueles que precisavam de ajuda". Vamos conhecer esse homem?
Uma confusão das grandes	Viriato Correa	Literatura infantil brasileira; ed. 1965 (13. ed.)	"Coisas do arco da velha"; "confusão"
Tio Ricardo	Lúcia Benedetti	Conto brasileiro; século XX; ed. [s.d.].	Curiosidade; esperteza

Desse modo, os textos não-pedagógicos e não-moralizantes que constituíam, no período, uma das inovações no ensino de Português, são reenquadrados num contexto moralizante e pedagógico que os reinsere na tradição do ensino da disciplina. Confundindo sua origem com o ensino de catecismo – primeiro religioso e, depois, republicano[6] –, o ensino da leitura sempre tendeu a fazer residir seu "conteúdo" (pedagógico) no "conteúdo" (proposicional) e na "forma" (gramatical e lingüística) dos textos em torno dos quais se organiza e desenvolve. A modalidade de didatização da leitura parece, assim, ter tendido sempre a coincidir com uma didatização dos textos que se lêem: a atividade de leitura não constituiria propriamente um objeto de ensino, mas um instrumento por meio do qual se ensinam a língua e um conjunto de valores. Aprender *como ler* ou se identificaria com o aprendizado da decodificação, ou viria por si mesmo, mediante a repetição das atividades de leitura ao longo do período escolar e de uma progressão que iria dos textos mais fáceis aos mais difíceis. Em razão de fatores que precisam ser estudados de modo aprofundado, no período em que *Estudo Dirigido de Português* é publicado e utilizado, essa modalidade de didatização é instabilizada e o conteúdo pedagógico do texto tende a ser deslocado para um novo exercício que o explora –

---

[6] Para o "catecismo" republicano brasileiro a referência é, antes de tudo, o estudo de Lajolo (1982) sobre Olavo Bilac e a literatura escolar na República Velha. Seus desdobramentos na década de 70 são estudados por uma vasta literatura: cf., por exemplo, Nosella (1979). Outras indicações podem ser encontradas em Freitag *et al.* (1987) e Unicamp (1989). A emergência do ensino da leitura, suas formas de escolarização e suas relações com o ensino de catecismo (ou com os processos de secularização do ensino) são estudadas por Alexandre-Bidon (1989), Fernandes (1994) e, especialmente, por Hébrard (1990). Embora se pudessem apreender diferenças, ao longo do desenvolvimento histórico do ensino, na definição do conteúdo de ensino com o qual se confunde o conteúdo dos textos (as diferenças, por exemplo, entre textos "instrutivos" e "moralizantes"), e se pudesse, desse modo, precisar o emprego genérico que venho fazendo do termo "moralizante", manterei seu uso em razão do contexto exploratório deste estudo.

o *estudo de texto*.⁷ Se, no entanto, outras coleções do período tendem a fazer coincidir o conteúdo pedagógico do exercício com, por um lado, os processos de compreensão do texto e, por outro, com a explicitação de suas dimensões estruturais e gramaticais (particularmente tendo em vista o ensino de redação), a coleção de Ferreira tende a fazê-lo coincidir não apenas com essa explicitação, e não particularmente com os *processos* de compreensão, mas com uma *avaliação dos resultados* de uma forma de compreensão, vale dizer, com a explicitação de *uma leitura* moralizante e pedagógica do texto.

Ao que tudo indica, essa forma particular – utilizada por Ferreira – da modalidade de didatização da leitura que se desenvolve no período, não deixará de se fazer presente no ensino de Português, mesmo na década de 1990. Embora se note, em algumas coleções em utilização na década de 1980,⁸ a presença de explorações dos textos de leitura que se desejam "críticas" e "contra-ideológicas", será a mesma forma de ler e de ensinar a ler que permanecerá, ainda que se mudem os valores. Ler significa aprender algo: descobrir um "não-dito" que se esconde sob a superficialidade do que diz o texto e fazê-lo – como uma "mensagem", uma "máxima", um "ensinamento" – exercer seu poder modificador e educativo.

---

⁷ Valerá a pena, num estudo posterior, avaliar se essa nova modalidade de didatização do ensino da leitura não estaria relacionada àquilo a que chamei, mais à frente, de "elementarização" do curso ginasial. A utilização de perguntas escritas, ao lado da leitura em voz alta, como forma de avaliar habilidades de leitura, parece estar presente já há algum tempo nas séries iniciais do ensino elementar.

⁸ Como exemplos dessa tendência, cf. as coleções de Marilda Prates (1984) e de Heitor Megale e Marilena Matsuoka ([s.d.]). Um livro que parece iniciá-la é o de Soares e Pereira (1973). Segundo um depoimento dado a mim pelo segundo autor, os textos da coleção anterior de Soares (*Português através de Textos*) eram pouco críticos e excessivamente "pueris" e que uma das preocupações que orientou a seleção de textos para a nova coleção foi a de escolher textos mais "críticos", que espelhassem os problemas sociais e políticos que o País vivenciava no período.

Capítulo 4

A CONSTRUÇÃO DO TEXTO "ESCOLAR"

A forma pela qual o livro de Ferreira encena a leitura do poema de Vinicius de Moraes e as características das coleções do autor didático podem, em grande parte, ser compreendidas à luz das alterações que, no período do lançamento da primeira das coleções, passam a se dar no campo da produção e do consumo editorial no País, particularmente tendo em vista as políticas de modernização postas em prática, nesse campo, pelos governos militares.

No campo da indústria editorial, essas políticas resultam em medidas que favorecem a *produção* livreira, como demonstra Hallewell (1985, p.454-479). Os níveis inflacionários e a recessão econômica dos anos posteriores ao golpe diminuem e tornam, a partir da década de 1970, a produção editorial menos difícil e onerosa. Todos os estágios da produção e venda do livro passam a ser, a partir de 1967, isentos de impostos. A produção de celulose e a fabricação de papel são estimuladas![1] São criados órgãos para o estudo e o planejamento do

---

[1] Também de acordo com Hallewell (1985, p.457-458), entre 1961 a 1966, "as editoras brasileiras de livros gastavam em papel não menos do que 75% de seus custos de produção". Para se ter uma dimensão desse percentual, em 1950, ainda segundo Hallewell, os custos não passavam de 10%; em 1973 e 1974, quando se deu uma grande alta no preço mundial do papel, seu peso significava, para as editoras latino-americanas, 18% dos custos.

desenvolvimento do setor gráfico e editorial e, por meio de suas sugestões, desenvolvem-se extensa renovação e significativa modernização dos equipamentos gráficos e correspondente aumento da capacidade de produção do impresso e de sua versatilidade.[2]

As medidas que favorecem a produção editorial, no entanto, não se manifestam do mesmo modo no campo do *consumo*, e, se o mercado potencial de compradores do livro aumenta numericamente com o crescimento populacional, ele diminui tendo em vista os percentuais de compradores virtuais. Uma comparação da estrutura de classes brasileira de 1870 a 1981, proposta por Hallewell (1985, p.602), mostra que, ao longo do século, diminui a participação da população nos grupos – particularmente nas classes médias – cuja renda e cujas disposições podem favorecer a aquisição e o consumo do livro:

TABELA 1

População brasileira segundo classes sociais (em percentuais)[3]

	1870	1920	1950	1955	1960	1970	1981
Classe alta	1	5	2	2	1	1,5	1,4
Classe média-alta 5	2	3	4	4	3	3,1	
Total das classes altas	6	7	5	6	5	4,5	4,5
Classe média baixa	6	9,5	12	16	10,5	12,5	5,3
Demais classes	88	83,5	83	78	84,5	83,5	87,9

Fontes: recenseamentos brasileiros de 1960-1970. Os dados de 1981, da Pesquisa Nacional por Amostra de Domicílios (PNDA), referem-se a rendas familiares acima de, respectivamente, 20, 10 e 5 vezes o salário mínimo, segundo citação de VEJA, n. 765: 100 (4 de maio de 1983).

---

[2] Segundo Hallewell (1985, p.464-465), a modernização dos equipamentos "aumentou de tal maneira a capacidade da indústria que logo ela começou a aceitar encomendas para a Argentina. Sua versatilidade técnica também aumentou enormemente, a ponto de o sistema *offset* passar a concorrer com a tipografia e logo superá-la. [...] Mais importante ainda foi a introdução da moderna maquinaria de acabamento: até então o miolo, por exemplo, recebia a capa numa operação realizada a mão [...]".

A ausência de um mercado consumidor moderno para uma produção editorial em modernização fortalece os laços históricos de dependência da indústria livreira com a escola e o setor didático. O regime militar estreitou-os ainda mais. A criação da Comissão Nacional do Livro Técnico e Didático (COLTED) é um exemplo.[4] Encarregada de executar o Programa Nacional do Livro Didático, o órgão, de acordo Hallewell (1985, p.466-470), adquiriu livros didáticos diretamente das editoras, promoveu consultorias e seminários para editores e profissionais de editoração e comercialização[5] e o treinamento intensivo de professores para o uso dos livros,[6] investindo

---

[3] Dados e definição de classes para 1870-1955 extraídos do 7º Recenseamento Geral do Brasil. Para 1960, "classe alta" significava pertencer a uma família cujo chefe ganhava mais de Cr$ 50.000 por mês (US$ 3.200 por ano); "média alta", a uma família cujo chefe ganhava acima de Cr$ 20.000; e "média baixa", mais de Cr$ 10.000. Para 1970, os respectivos mínimos eram: mais de NCr$ 2.000 (US$ 5.200 por ano), mais de Ncr$ 1.000 e mais de Ncr$ 500.

[4] "Criada pelo Decreto presidencial n. 59.355, de 4 de outubro de 1966, a COLTED foi financiada conjuntamente pelo Ministério da Educação e pela United States Agency for International Development (USAID), com a colaboração do sindicato dos editores (SNEL)". (HALLEWELL, 1985, p.467.)

[5] Uma descrição rápida da *I Semana de Estudos*, promovida pela COLTED (da qual os editores poderiam participar como observadores), pode dar uma idéia das características de sua atuação. Com a participação de consultores norte-americanos com larga experiência em países subdesenvolvidos (especialistas no campo da produção e da distribuição do livro, do livro didático e em bibliotecas), foram abordados, dentre outros, os seguintes tópicos: "A necessidade de bibliotecas escolares. Como tirar o máximo proveito de uma biblioteca escolar. Manutenção de uma biblioteca escolar"; "Relação entre livros didáticos de nível médio e o aperfeiçoamento curricular. Como localizar e encorajar bons autores de livros didáticos. Como usar livros didáticos eficientemente"; "Relação entre livros didáticos elementares e aperfeiçoamento do currículo. Elaboração de livros didáticos elementares. Uso de livros didáticos"; "Como tornar melhores a distribuição de livros escolares". (COLTED. Notícias, [s.d.]).

[6] O material básico dos cursos destinados ao ensino elementar foi publicado em 1969 (Colted, 1969). Os regulamentos da Comissão, sua atuação, suas idéias a respeito da utilização e do papel do livro didático e seus integrantes foram apresentados em boletins que divulgam a Comissão e seu trabalho no País (Colted – Notícias, [s.d.]).

no setor livreiro, apenas nos seis primeiros meses do Programa, cerca de 9 milhões de dólares.

Assim, algumas das características inovadoras da coleção de Reinaldo Mathias Ferreira – particularmente aquelas de caráter gráfico – encontram nesse esforço de modernização as suas condições de possibilidade. É na *natureza* dessa modernização, no entanto, que seu modo de inserção no mercado – assim como da maior parte dos livros didáticos que se lhe seguem – faz sentido: o manual resulta de um processo de modernização *da produção* e não, particularmente, *do mercado consumidor*. Impedidas de voltar sua produção para um amplo mercado, as editoras jogam no setor de didático um jogo que tende a se pautar pelas regras adequadas para esse amplo mercado inexistente e, assim, a subordinar os princípios pedagógicos às suas necessidades de sobrevivência. Desse modo, os constantes "agiornamentos" da coleção de Ferreira, suas inovações gráficas, sua ênfase em técnicas de ensino, o grau de autonomia que constrói em relação à sala de aula e seu caráter perecível só podem ser compreendidos no quadro mais geral das relações entre essa lógica e aquela do campo pedagógico. Isso significa, portanto, que as características conceituais e pedagógicas do livro só podem ser compreendidas se remetidas ao mercado que o consome e lhe é receptivo, particularmente aos professores e à escola, que o utilizam e recomendam – segundo a legislação[7] – a sua adoção.

Esses professores são, em meados da década de 1960, segundo estudo de Aparecida Joly Gouveia (1968),[8] em sua maior

---

[7] A legislação do livro didático brasileiro, do Estado Novo ao início da década de 1980, é apresentada por OLIVEIRA *et al.*, 1984.

[8] O estudo teve por objetivo coletar informações sobre a composição do grupo de professores do ensino médio em diferentes regiões do País (São Paulo, Rio Grande do Sul, Ceará e Pará) e "oferecer uma visão do mundo mental dos indivíduos que exercem a profissão" (GOUVEIA, 1968: p.67). Os dados utilizados são provenientes de um estudo realizado por amostragem de docentes dos diferentes cursos de nível médio (ginasial e secundário), em 1963.

parte, jovens adultos, formados por uma Faculdade de Filosofia ou uma Escola Normal. Provêm, predominantemente, das frações inferiores e intermediárias das classes médias, e seus pais são, na maioria, médios e pequenos comerciantes, funcionários públicos, empregados de escritório. O grupo profissional está em processo de expansão. Havia 67 mil professores de nível médio em 1959 e calcula-se que, quatro anos depois, em 1963, já tivessem ultrapassado a casa dos 100 mil e constituíssem, então, "a categoria profissional mais numerosa entre as consideradas de nível universitário" (p.65). A matrícula no grau de ensino apresenta uma taxa de crescimento de 118% no período entre 1950 e 1960, "enquanto o crescimento foi de 86% no ensino superior e de 64% no primário"(p.66). São essas taxas de crescimento da matrícula, portanto, que podem explicar o processo de expansão numérica do grupo. Mas são elas, também, que permitem compreender três tendências presentes na composição do grupo. A primeira delas é relativa ao aumento da participação feminina em sua composição: se, em 1943, as professoras representavam apenas um terço do grupo, elas já constituem, no período, aproximadamente, metade dos professores do ensino médio. A segunda tendência decorrente do aumento da matrícula consiste num aumento pouco significativo da proporção de professores diplomados por curso superior. "Apesar da multiplicação dos cursos superiores, especialmente das faculdades de filosofia que constituem a via institucionalizada de acesso ao magistério médio"(p.68), ela não foi suficiente para permitir que o número de professores formados apenas por escolas normais decrescesse significativamente entre as décadas de 1940 e 1960.[9] A terceira tendência, por fim, diz respeito à diminuição, na composição da categoria, do peso numérico dos professores com maior tempo de

---

[9] Ao contrário, em alguns Estados, como o Ceará, o número de professores formados apenas por escolas normais aumenta no período.

experiência. Expansão numérica, feminização, incorporação de profissionais não capacitados por meio da via institucionalizada de acesso ao magistério e sem muita experiência, eis alguns dos fatores que, em geral, tendem a indicar um processo de subprofissionalização e de proletarização da ocupação.[10]

Mas o que pensam esses professores? Como se caracterizaria o seu "mundo mental" (GOUVEIA: 1968, p.69)? Mais de 90% possuem uma religião e, majoritariamente, observam ou procuram observar, com regularidade – as mulheres mais que os homens –, as práticas religiosas. Uma tendência à secularização, de separação entre a vida religiosa e o mundo trabalho, concomitante ao processo de industrialização e de desenvolvimento, não é perceptível no mundo mental dos professores. Os dados, ao contrário, revelam um universo de valores longe de um "mundo moderno": "a grande maioria dos professôres – três quartos ou mais – considera a religião uma fonte de inspiração ou orientação para a atividade docente" (GOUVEIA, 1968, p.71) e tanto mais assim vai ser considerada quanto mais os docentes forem do sexo feminino e se passa das capitais para o interior, e, neste, quanto mais se passa das cidades grandes para as médias e pequenas. É esse mesmo mundo mental "antigo" e ligado a uma sociedade rural que outras opiniões dos docentes entrevistados revelam. Seus ideais a respeito do ser humano não tendem a incluir "ser pessoa culta" ou "ser competente na profissão". Para a maior parte deles, o mais importante é, em ordem de importância, "ser bom cidadão", "bom pai ou mãe de família" e "cumpridor dos deveres religiosos". O objetivo mais importante do ensino médio não consiste em "preparar para a universidade" nem em "desenvolver a capacidade de raciocínio" ou "preparar para uma ocupação", tarefas que, então, se

---

[10] A propósito desse processo, cf. Fernandez Enguita (1991).

propunham (de fato ou no discurso) para a escola de nível médio, num momento em que a educação parecia ser uma condição de desenvolvimento econômico, político e social. Ao contrário, os professores vêem a educação como uma forma de "possibilitar uma boa cultura geral" e o "desenvolvimento da noção de responsabilidade cívica". Antes de tudo, porém, a vêem como uma forma, por excelência, de "aprimoramento do *caráter*" do jovem estudante do ensino médio. Para surpresa da autora, nenhuma dessas diferentes opiniões se altera tendo em vista o nível de instrução dos professores: com ou sem diploma universitário, os professores pensam em grande parte do mesmo modo. A autora é, desse modo, forçada a concluir que suas opiniões "independem do nível de escolaridade" (Gouveia, 1968, p.76) e que "*teóricamente* cabem, assim duas interpretações alternativas" (p.76 – grifo meu) para isso: "1) a de que a faculdade de filosofia foi inócua; e 2) a de que os normalistas que sem êsse curso chegam ao magistério secundário constituem um grupo muito especial, que foi capaz de compensar, de alguma maneira, a insuficiência de escolarização" (p.76-77).

São evidentes, desse modo, as relações entre a coleção de Reinaldo Mathias Ferreira e as expectativas dos professores que o adotam e o utilizam. Há, entre a série e seus leitores, entre as previsões dos que fazem os livros e as competências e as disposições daqueles que deles se apropriam, entre as estratégias dos produtores e o horizonte de expectativas de seus consumidores, uma feliz coincidência pragmática. *Estudo Dirigido de Português* encena uma leitura moralizante dos textos que utiliza para um leitor cujo "aparelho recepcional" é constituído, dentre outras coisas, pela crença de que sua atuação profissional é orientada para a formação do caráter dos alunos e deve ser governada por princípios religiosos. A coleção encena uma utilização em sala de aula que constrói um lugar dependente e subordinado para um professor submetido a processos de proletarização e de desqualificação profissional. Pressupondo com felicidade um

Leitor-Modelo,[11] "enciclopedicamente carente", como diria Eco (1996), e preocupado, antes, com receitas de sucesso fácil, a série didática encontra, de fato, um professor cuja formação universitária não foi suficiente para a construção de um *habitus* diferenciado e para o qual o conhecimento em torno do qual a disciplina de que se ocupa se organiza é um dos pontos que lhe parecem menos decisivos para enfrentar os problemas e as dificuldades que, a partir daquele momento, as transformações do sistema de ensino brasileiro passam a lhe propor. Não é sem razão, por fim, que, mesmo apresentando seu livro como um método para ensinar "todas as classes" – do aluno "mais dotado", ao "mais humilde" –, o autor termine por confessar, no manual do professor, que, ao redigir o livro, foi para esses "mais humildes", professores e alunos, que passavam, então, a fazer parte do ensino médio brasileiro, que o destinou:

> Colocamo-nos na situação do professor que, muito atarefado, dispõe de pouco tempo para a preparação de suas aulas. Pensamos muito nos alunos que, por questões financeiras, trabalham durante um período muito longo do dia, não lhes restando tempo suficiente para a realização dos trabalhos escolares fora da aula. (FERREIRA, 1970, p.I).

É na mesma direção que as características dos livros didáticos "modernos" inauguradas pela coleção de Ferreira são pensadas e justificadas pelos editores. Oliveira *et al.* (1984) assim resumem o discurso desses produtores do livro (embora essa síntese diga respeito especificamente ao caráter "consumível" desses livros, podem representar o pensamento mais geral desses agentes sobre o mercado que o utiliza):

> Segundo a Câmara Brasileira do Livro,[12] o livro 'novo' se caracteriza por: altas tiragens e preços baixos; gradação de dificulda-

---

[11] O termo é de Umberto Eco (1986) e designa a hipótese de leitor por meio da qual o autor desenvolve sua estratégia textual.

des em atendimento ao novo tipo de professor; emprego dominante de atividades em atendimento à tendência do uso de técnicas dinâmicas do ensino; o uso generalizado de ilustrações em atendimento às modernas técnicas pedagógicas; a possibilidade de agilização e melhoria no processo de correção dos exercícios escolares, muito dificultado pela grande sobrecarga de trabalho do professor. [...]

Argumentos para a adoção do 'livro novo' e para a substituição de livros, segundo o mesmo documento, repousam sobretudo no elevado índice de *turn over* das escolas, nos fenômenos de urbanização e mobilidade social, na variabilidade dos currículos escolares e, em particular, na falta de condições do professor, geralmente mal treinado, para preparar e corrigir exercícios e desempenhar outras atividades didáticas.

---

[12] O autor se refere ao documento "O livro didático no Brasil", apresentado pela Câmara Brasileira do Livro no *Econtro de Secretários de Educação e Cultura*. (São Paulo: CBL, 1981, mimeo.)

Capítulo 5

UMA PROFESSORA LENDO E ENSINANDO A LER

Decorridos, no entanto, mais de vinte anos da construção da primeira encenação da leitura didática do poema de Vinicius de Moraes, ainda se manteria a mesma possibilidade de coincidência pragmática entre a comunidade interpretativa que essa encenação pressupõe e aquela que de fato se apodera do texto e o faz funcionar em sala de aula?

Dois dados indicam que a resposta pode ser afirmativa. O primeiro refere-se à leitura que uma professora faz, em 1988, do poema retomado pela última coleção de Reinaldo Mathias Ferreira (1985), assim como às informações por ela fornecidas, em entrevista, sobre suas práticas de leitura e sobre sua trajetória social e profissional.[1] O segundo diz respeito à trajetória social e cultural de um grupo de professores de Português.[2] Esses dados permitem supor que é provável que a

---

[1] Os dados que serão analisados foram obtidos mediante o registro das aulas dessa professora, numa turma de 5ª série, bem como por meio de entrevistas. Na transcrição das aulas, a professora será identificada por Z. Uma análise pormenorizada de sua prática de ensino é apresentada em Batista (1997). Mais à frente, a professora será caracterizada.

[2] Trata-se de um perfil descritivo de uma amostra casual de professores de Português da rede estadual de Minas Gerais (n=299), construído com base em dados obtidos por questionários aplicados em 1992. Os questionários buscaram apreender indicadores sociodemográficos, de capital simbólico, cultural e econômico herdados e adquiridos, de condições de trabalho e de disposições e atitudes em relação à leitura. Diferentes aspectos desse perfil são apresentados em Batista (1996b e 1998).

encenação proposta por Ferreira para o poema de Vinicius de Moraes antecipe, com felicidade, as disposições daqueles que se apoderam, de fato, do texto e o apresentam aos alunos: construindo um texto "que ensina", inserindo-o no quadro de uma leitura para o aprendizado e fazendo subjazer a ele uma lição e uma mensagem para a vida, o livro didático encontra, ao que parece, professores-leitores que têm todas as chances de ter com os textos e os impressos uma relação e disposições por meio das quais lê-lo que tendem também (na escola e, numa medida que seria preciso melhor determinar, fora dela) a coincidir com a descoberta de um sentido oculto a ser manifestado para, convertido em mensagem, regra, máxima e lição, exercer sobre o leitor efeito educativo.

Uma professora lê em sala de aula

A leitura do poema se iniciou logo que – como se prevê no livro didático – foi concluída a correção dos exercícios com que terminavam as atividades de caráter gramatical propostas. Corrigido o último exercício (sobre os numerais), entre um pedido de um aluno, já muitas vezes formulado, para ir beber água e uma longa pausa em que a atenção dos alunos se dispersa, a professora anuncia:

P.:	Vocês vão estudar agora, um texto que,
Aluno:	⌈((para um colega)) rá-rá-rá-rá-rá⌉
P.:	tenho certeza, vocês já estudaram
Aluno:	((interrompendo a professora)) a senhora num vai corrigir as frase não?
P.:	((para o aluno)) vou. ((agora para a turma)) é difícil/ alguém não passar pela escola, de 1ª a 4ª série, e não estudaram o poema de São Francisco. Sem olhar no

Aluno 1: ⌊eu não!⌋
Aluno 2:   ⌊nem eu!⌋
P.: livro, que informações vocês me dão sobre São Francisco de Assis?

Em razão das respostas mais ou menos vagas dos alunos, a professora indica, nos turnos de reação a suas respostas, as informações que quer trazer à conversação. Nesses turnos, o primeiro movimento tende a repetir as respostas dadas pelos alunos:

P.: era um santo. [...] e por que ele se tornou santo?
Alunos: [...].
P.: ele era muito... rico, e guardou dinheiro
Aluna: ⌊rico⌋
P.: dinheiro dentro do caixão ((pausa)) foi isso?
Alunos: [...].
P.: e saiu de casa, abandonou a riqueza
Aluna: ⌊e se tornou amigo dos animais
P.:   dos animais... ele era amigo da natureza...
Alunos: [...].
P.: deu tudo que possuía para os pobres [...].

Tendo trazido as informações que julgava necessárias, a professora anuncia que iriam fazer um "coro falado do poema", e boa parte da aula se desenvolve na tentativa de, primeiro, organizar a turma, dividindo-a em diferentes grupos, depois de realizar a leitura em voz alta do poema, na forma prevista para um coro falado. Quando, ainda que com certa insatisfação pelos resultados do coro, a professora conclui a leitura, passa, então, a realizar o estudo de textos. Para isso, fornece algumas informações necessárias à resolução das questões propostas pelo livro didático: em primeiro lugar, ensina o que é verso e estrofe; em segundo, lê rapidamente os dados sobre São Francisco que o autor do livro didático fornece. A partir daí, começa a fazer, com os alunos, o exercício de estudo de texto, "perguntando isoladamente" a cada um as respostas e escrevendo-as no quadro-negro. Antes que ela pudesse concluir o exercício, a aula termina e a última pergunta formulada pelo livro didático – aquela que pede ao aluno para dizer o que aprendeu com o poema – é proposta como um dever de casa.

Na aula seguinte, a professora inicia as atividades retomando os exercícios já corrigidos e anunciando que iria passar à correção do dever:

P.: bom. Na última aula nós fizemos/ a leitura do... do... texto de São Francisco
Aluno: ⌈ô Z!⌉
P.: de Assis, dividida em vozes, em partes diferentes, com cada parte responsável por um verso ou por um conjunto de versos. Então, da próxima vez/ quando eu disser 'gente, nós vamos fazer um coro falado com esse poema', coro falado é o que nós fizemos com o poema de São Francisco, tá? Vocês já ouviram aqui na escola algum coro falado? (((desenvolvem uma série turnos sobre o tópico; ao final, a professora retoma a revisão da aula anterior)) Bom, agora vamos recordar. Nós estudamos/ vimos a história de São Francisco e vimos no texto, né? a primeira questão, que era pra dizer por que São Francisco/ ou o que indica o texto ((incompreensível)) que São Francisco era tão pobre. Seria o

	fato de andar descalço ((interrompe)) E se ele fosse uma donzela? Ela andaria descalço?
Alunos:	Não! Descalça.
P.:	Descalça, né? Isso mesmo. Então: descalço-descalça, igual obrigado-obrigada. Eu não posso falar obrigadO, porque eu falo obrigadA. A não ser que eu vou falar em nome de muitas pessoas. Aí sim, né? Depois, os
Aluno:	⌊ô Z!⌋
P.:	versos do poema que/ onde São Francisco se dirigia fogo. Depois,
Aluno:	⌊((incompreensível))⌋
P.:	"pobrezinho", "Jesus Cristinho" indicando carinho e afeição, "menininho", indicando grau diminutivo, né? Então tá corrigido isso,
Aluno:	⌊ô Z!⌋
P.:	num tá? A mensagem dos versos/ é/
Aluno	⌊tá! só falta⌋
P.:	que fala que ele leva no colo a imagem de Jesus Cristinho, que seria a fé, a imagem de Cristo num crucifixo pendurado no pescoço. E, por último, que foi o nosso dever de casa, é que
Alunos:	⌊((baixo)) ah...⌋
Aluna:	⌊número seis!⌋
P.:	vocês deveria escrever O QUE aprenderam com este poema. Eu vou ouvir de cada um.

Seguindo a ordem das carteiras, cada um dos alunos apresenta sua resposta: que o dinheiro e as coisas materiais não trazem felicidade; que devemos amar a natureza; que devemos amar as pessoas do jeito que elas são; que devemos gostar das coisas simples; que ser pobre, para São Francisco, é a mesma coisa que ser rico; que devemos ser melhores para com todas as coisas que estejam na face da terra (a professora elogia a resposta e os alunos batem palmas); que devemos servir a todos como São Francisco serviu; que não devemos desmanchar as coisas criadas pela natureza (essa, ela corrigiu: "Criadas por Deus, né?"); que devemos amar os animais; que o dinheiro não compra o amor e nem nada; que a gente não deve esnobar as pessoas quando a gente tem mais condições, e sim procurar dividir isso; que não podemos deixar de amar alguém só porque é mais pobre do que nós (essa, a professora também corrige: "Em vez de 'do que', use 'de que', ou, então, tira o 'de'") e, por fim, dentre tantas outras repetidas, que quando a gente é rico ou tem o necessário para manter a vida, devemos repartir com os outros ("Muito boa a frase dela, né?" – diz a professora).

Logo no início da correção, em razão das primeiras respostas dadas, ela deixa bem claro, por duas vezes, o que espera dos alunos:

> P.: ((dirigindo-se a primeira aluna que apresentou sua resposta)) Pois é.
> Isso aí você aprendeu porque você leu na história, mas o autor aqui ((do livro didático)) quer que você fale alguma coisa, assim, que aprendeu para fazer durante a sua vida. Que LIÇÃO você pode tirar para a sua vida ((incompreensível)) [...] ((dirigindo-se à aluna que é a segunda a apresentar sua resposta)) Pois é, mas isso aí o texto conta. Agora: o que você aprendeu pra sua vida?

Ouvidos todos os alunos, ela diz:

> P.: Agora escuta. Tudo muito bom. Vocês falaram. agora, PRESTEM bem atenção se é fácil isso. São Francisco/ quando tá falando que São Francisco largou a família,

	largou tudo que tinha para ir pregar as coi/ pra ir viver com os pobres, né? deixou todos os bens materiais/ não era poucos bens não, São Francisco era de família rica, rica mesmo, num era... pouca porcaria não, tá? E ele
Aluno:	⌊milionária!⌋
Aluno:	⌊((bem baixo)) muita porcaria...⌋
P.:	deixou TUDO, TUDO, TUDO, foi mal compreendido/ demais, todo mundo achou que ele tava até ficando meio doido. O pai dele queria até interná-lo, levar prum bom especialista, um bom médico – PRESTEM ATENÇÃO – porque achou que isso era loucura. Hoje em dia, também, é bem raro, mas pode acontecer das pes/ de haver pessoas que fazem isso. E na maioria das vezes, são criticadas e às vezes são mal entendidas também e os outros pensam até que estão ficando doidas. Mas nós num vamos falar de gente que tem dinheiro À BEÇA, e que deixa TUDO pra viver igual a São Francisco não. Vamos falar de nós aqui, que temos um tênis branco e um verde, e vemos na televisão um tênis preto, e ((ficamos?)) azucrinando a cabeça do pessoal em casa: 'eu quero aquele tênis', 'eu preciso daquele tênis'. Precisar eu num preciso não, mas eu quero. As mocinhas têm um brinco de meia-lua, lindo-lindo-lindo. Mas viu um brinco de estrela, um brinco de rosa, um brinco de/ 'eu quero-eu quero-eu quero'. Então, gente, a lição que São Francisco quer dar ((bate palmas, há alguma – pouca – conversa na sala)) num precisa de ser essa lição EXTRAORDINÁRIA de virar santo de uma hora pra outra não, cês tão me entendendo? Pode ser... esse... ... esse... esse... mínimo detalhe – ótimo, obrigada. Essa
Aluno:	⌊mínimo detalhe⌋
P.:	mínima coisa. Eu TENHO um tênis preto, que está bom, que ainda dá pra eu sair. Eu tenho aquele branco que também quebra o galho. Pra que eu vou comprar um tênis vermelho, só porque a televisão tá incutindo na minha cabeça que eu tenho que ter! E, às vezes, com sacrifício de outras coisas. Eu sei que é difícil! É difícil pra MIM, né, que tenho 38 anos. Acredito que seja difícil pro Dute ((ela se refere a mim), né, nós que já temos, né, filhos pra cuidar. Tenho certeza que é difícil pro meu filho, pra minha filha, pro filho do Dute. Todo mundo acha difícil ter que renegar. eu também tenho uma cruz, mas

quero outra, quero outra. A gente tem que aprender a começar a fazer esses pequenos sacrifícios, e são esses pequenos sacrifícios que, às vezes, ajudam a gente a aceitar a nossa própria vida do jeito que ela é, sem ficar procurando confusão. Porque tem gente que quer ter, quer ter, quer ter, às vezes não tem e chega até a roubar, né? Outras pessoas chegam a pisar umas nas outras porque precisam de todo jeito conseguirem aquilo que querem, então, nós num precisamos pensar: 'ah, agora eu ((incompreensível)) vou largar a escola, num vou comer mais, num vou mais ((incompreensível)) em casa, vou jogar meu uniforme fora, minhas roupas e tudo e vou sair por aí. Não precisa de ser ESSE/ ser essa ação, né? Nós num precisamos fazer ESSE... esse sacrifício todo, mas nós podemos fazer PEQUENOS sacrifícios, e até aquele pequeno sacrifício de estar morrendo de raiva de uma coisa e não esbravejar – é muito difícil, é muito difícil. É muito difícil pra todo mundo, não é pra quem tá na 5ª série não. É pra quem tá na 5ª, na 6ª, na 7ª, vocês sabem muito bem. Então, a lição de vida de São Francisco pode ser essa, né, de ser mais paciente, de esperar a hora que o pai e a mãe POSSAM dar, né, aquilo que a gente tanto quer e que às vezes não é o estritamente necessário. Olha, quanta gente aí que chega aqui na escola esquenta a cabeça do colega, esquenta a cabeça da Maria Clara, esquenta a cabeça da Mariinha ((ela se refere à orientadora educacional e a uma pessoa que não identifiquei)), corre no corredor pra lá e pra cá, perturba a aula da Joni, perturba... perturba a aula da Z., perturba a aula da Carla/ porque num trouxe lápis e borracha, mas tem no bolso dinheiro pra comprar garrafas e garrafas de refrigerante. Eu tô falando isto porque no ano passado eu tinha dois irmãos na sala na sala/ depois eles saíram da escola no mês de abril, num ficaram. E eles vinham pra escola todo dia e traziam uma garrafa de Del Rey: 'Z., posso pedir pra guardar na geladeira?' 'Pois não, vai, a garrafa é sua, eu vou falar pra garrafa ficar aí, QUENTE, na sala? De vez em quando podia até querer beber lá, então pode levar, que bom, pode levar, num vou nem ver na hora do intervalo', e ía embora. 'Cadê seu caderno?' Num tem. 'Cadê seu lápis?' Num tem. 'Cadê seu livro de Português?' Num tem não. 'Por que que você num tem?' 'Ah, num tem, a escola falou que ía dar, num deu!' Ora gente! Então há de se perguntar: 'se você não tem lápis, um caderno, uma borracha, tá vindo com um guaraná Dey Rey! Que bem que faz pra saúde o guaraná Del Rey? Nenhum. Então, a mãe deles chegou perto da gente [...] ela falou que os meninos num tinham material direito, porque ela tava muito apertada ((incompreensível))' 'Então a senhora deve procurar saber onde é que eles arrumaram dinheiro para chegar todo dia – num era uma garrafa pros dois não, uma garrafa pra cada um!' ela ficou abismada, decepcionada, triste, tirou os meninos da escola, colocou numa outra escola, eles começaram a trabalhar na capina das ruas na prefeitura. Aí, sim, aí eles conheceram o sacrifício de trabalhar, ganhar dinheiro e ter que comprar caderno ou então parar de estudar e depois não chorar o tempo que perderam. Então, vocês podem aprender essa lição aqui: de não ficar às vezes querendo- querendo- querendo- querendo- querendo- querendo- querendo- querendo- querendo- querendo- querendo e aquilo que está na mão de vocês/ para vocês, né, curtirem, usarem, gozarem e aprenderem/ porque depois ((incompreensível)) tá ok? Vamos ao vocabulário?

Os movimentos realizados pela professora, na sua leitura, desenvolvem-se, desse modo, na mesma direção daqueles propostos pelo livro didático. Em primeiro lugar, mesmo pressupondo que o poema tenha sido lido – e com freqüência – pelos alunos, não é em função de uma releitura e de um re-encontro com o texto que ela direciona a leitura. Ao contrário, o conhecimento anterior que procura trazer à mente dos alunos refere-se ao Santo e não ao texto ou à imagem que da personagem constrói. Nesse primeiro movimento de leitura, portanto, logo de início, a história das representações de São Francisco e sua hagiografia é que enquadram o texto e constituem as expectativas de leitura.

Essas expectativas "hagiográficas", no entanto, poderiam, ao longo da leitura, ser reformuladas no contato direto com o texto. Mas o segundo movimento feito pela professora as mantém em suspenso: a organização do coro falado favorece a dispersão da turma, possibilita o surgimento de formas de indisciplina e parece tender a atribuir à própria realização da tarefa um fim em si mesmo e certa autonomia: o coro falado parece se tornar um "conteúdo", o objeto que se ensina. O terceiro movimento da professora, terminado o coro, retoma as expectativas (ela lê algumas informações dadas sobre o Santo pelo livro didático, completando, segundo ela, aquelas que os alunos já haviam fornecido anteriormente). Submete, porém, essas expectativas a um quadro mais geral. As informações são necessárias porque auxiliarão os alunos a fazer um exercício – o de estudo de texto; por isso, além delas, acrescenta outras – sobre a terminologia que neles se utilizará para designar trechos do texto, explicando, assim, as noções de verso e estrofe. É esse quadro que, em linhas gerais, permanecerá ao longo da realização da tarefa.

Na aula seguinte, ao resumir as atividades feitas na anterior, a professora reforça a tendência de autonomizar uma forma de leitura e de organização da atividade – o coro falado –, evidenciando-a como um dos "conteúdos" ensinados na aula precedente:

P.:	bom. Na última aula nós fizemos/ a leitura do... do... texto de São Francisco
Aluno:	⌈ô Z!⌉
P.:	de Assis, dividida em vozes, em partes diferentes, com cada parte responsável por um verso ou por um conjunto de versos. *Então, da próxima vez/ quando eu disser 'gente, nós vamos fazer um coro falado com esse poema', coro falado é o que nós fizemos com o poema de São Francisco, tá?*

Em seguida, porém, "recordando" as questões do estudo de texto já respondidas, traz-lhes um novo sentido pedagógico. Por meio dessa retomada, ela reforça (uma tendência que já se evidenciou no primeiro capítulo) aspectos gramaticais normativos envolvidos nas respostas às questões: assim, coloca em primeiro plano a questão que envolve uma percepção da função do uso do diminutivo e relembra a concordância do adjetivo com o nome, mediante a oposição "descalço-descalça", e aproveita para corrigir um erro que parece julgar comum entre os alunos (já que ele não foi tematizado anteriormente por um exercício ou apareceu em alguma resposta dada pelos alunos), relativo à concordância da palavra "obrigado".

Assim, como um caleidoscópio que vai assumindo diferentes formas em razão de sua posição, diferentes formas de percepção e de leitura do texto se constroem e se apagam em decorrência das expectativas e dos quadros mentais que a professora constrói para eles. Como, porém, a interlocução que explora o poema se desenvolve no tempo, e os diferentes quadros de expectativas tendem a se esvanecer quando são substituídos por outros quadros, o último deles tem importância central. Se o texto, continuar a ser explorado nos exercícios seguintes, de vocabulário, redação e linguagem oral, essas duas últimas atividades tenderão a tematizá-lo em razão da última questão formulada pelo exercício de estudo de texto, e é no quadro mental construído por sua correção que tenderá sê-lo.[3]

O que se pode, mediante a leitura do texto, aprender para a vida? Que lição, que ensinamento, que mensagem a ser guardada ele pode nos transmitir? Particularmente, qual é a "lição que São Francisco nos dá"? Perguntas como essas é que constituem o quadro por meio do qual o texto é lido pela professora e por meio do qual ela espera que seja lido pelos

---

[3] Como já se indicou, esses dois exercícios envolvem a discussão de "pessoas admiráveis".

alunos. É, portanto, um texto hagiográfico que se constitui na leitura do poema: ele fala da vida de um Santo e é a força de seu exemplo que deve ser pesada, avaliada, relacionada à vida dos alunos e à das pessoas comuns, e a ela adaptada.

Com certeza, nessa construção hagiográfica do texto seria possível tentar restabelecer os motivos e as representações, os significados e as concepções com base nos quais a professora o constrói. Essa tarefa exigiria, a meu ver, porém, um estudo à parte que evitasse o risco da redução do que me parece ser uma das dimensões fundamentais da professora e de sua experiência no mundo. Seria possível, por exemplo, reduzir os significados trazidos ao texto e apresentados por ela aos alunos como manifestação da formação religiosa a que ela, de fato, foi submetida. Catequista, missionária, leitora contumaz da Bíblia, ex-integrante da Legião de Maria, professora num colégio de freiras católicas, cumpridora de deveres religiosos, ela interpretaria seu trabalho e nele agiria com base nas disposições inscritas por essa formação. Assim, a presença, em sua fala, de temas com forte origem religiosa, como o motivo da perda, dos pequenos sacrifícios, do abandando de si, do não querer. Daí, a possibilidade de compreender sua ação como catequese, como fator de formação cristã do caráter.

Mas seria possível, também, reduzi-los, por exemplo, à expressão de uma posição e de uma trajetória social. A professora provém das camadas inferiores das classes médias: filha e neta de encarregados da supervisão do trabalho manual, ela faz parte da primeira geração do grupo familiar a ser submetida a uma escolarização de longa duração. Começou a trabalhar logo depois de concluído o curso normal e conseguiu terminar o curso de Letras numa escola particular noturna, economizando para pagar as mensalidades e as demais despesas. Assim, os temas do "não-querer" e dos "pequenos sacrifícios", presentes em sua fala e que, mais acima, foram identificados à expressão de sua formação religiosa, poderiam, agora, assumir um significado diferente e, em grande parte, contraditório. Ele poderia ser compreendido como parte de uma lógica social de transformação de "necessidades em virtude", como a manifestação ética de um *habitus* construído na necessidade de ajustar expectativas a possibilidades, de conciliar renúncia e vontade, e de desenvolver um estilo de vida pautado, ao mesmo tempo, por restrições e busca de acumulação, desprendimento e economia.[4]

Mas ainda seria possível reduzir a fala da professora a outras questões. Por um lado, seu discurso poderia ser visto não como a expressão de suas condições de vida e de formação, mas como a manifestação de uma interpretação que a docente faz da origem e das possibilidades da trajetória social *de seus alunos*. Dirigindo-se a um grupo de estudantes de uma escola pública, em sua maior parte filhos de trabalhadores braçais, os significados trazidos só poderiam ser compreendidos num quadro pragmático e no efeito perlocutório que, por meio deles, deseja-se produzir. Para isso, a história dos meninos que deixam de comprar coisas necessárias para tomar guaraná Del Rey seria exemplar: o discurso teria, assim, por objetivo, promover, nos alunos, um ajustamento de suas expectativas a suas chances e mostrar as virtudes necessárias a quem tem necessidades. Por outro lado, porém, o que os meninos deixam de comprar, deixam de ter e deixam de fazer poderia também ser tomado como outra chave para a interpretação da fala da professora. Ela seria, assim, também, um elogio à escola e às virtudes escolares: o que as crianças do exemplo negligenciam ao comprar o supérfluo e o desnecessário é a escola e seus objetos, e o destino que têm é o inferno, ao qual estão condenados todos os que dela desdenham: a capina na rua, o trabalho manual, o esforço corporal.

---

[4] A descrição dessas disposições éticas está baseada, evidentemente, em Bourdieu (1979a).

A leitura que a professora faz do texto em sala de aula e aquela que quer fazer os alunos realizarem têm, portanto, dimensões complexas cuja análise demandaria um novo trabalho e novos dados. Por tudo isso, o que irá me interessar aqui não será propriamente a substância da leitura que a professora realiza, a compreensão que ela produz para o texto, mas, antes, seu *modus operandi*, o modo pelo qual a realiza.[5] A análise evidenciou que há, em suas linhas mais gerais, uma coincidência entre a leitura encenada pelo texto didático e aquela de fato realizada em sala de aula. Ler, tanto para a professora quanto para a encenação feita pelo manual, significa aprender *por meio* do texto e aprender *com* o texto. O que possibilita essa coincidência?

Professores de Português; a professora

Um primeiro fator, de ordem mais geral, que pode estabelecer uma relação entre o modo de ler da professora e o modo de ler encenado pelo texto didático se encontra na ausência de um forte traço diferenciador entre a professora e seus colegas de profissão, sejam eles aqueles que lhe são contemporâneos, sejam eles aqueles, estudados por Aparecida Joly Gouveia (1968), para os quais Ferreira destinava seu livro didático no início da década de 1970.

Os docentes contemporâneos da professora são, de acordo com o estudo de Batista (1996b e 1998), predominantemente mulheres: cerca de 90% dos professores são do sexo feminino. Essas professoras são, em sua maioria, casadas e estão distribuídas, de modo homogêneo, quanto à idade, em um intervalo entre 26 e 49 anos. A maior parte delas reside em municípios do interior do Estado e neles também viveu a

---

[5] No entanto, mais à frente, outras possibilidades de análise dos significados produzidos pela professora não deixarão de ser evidenciados.

maior parte de sua infância e adolescência. A maioria é católica ou teve, ao longo de sua educação, formação católica.

Essas professoras pertencem a grupos familiares que parecem, à primeira vista, ter desenvolvido, por intermédio das filhas professoras, uma acentuada *mobilidade cultural*. Seus pais e avós exerceram, predominantemente, ocupações de caráter manual e realizaram uma escolarização de muito pequena duração, e que, em geral, não ultrapassa o nível das quatro primeiras séries do ensino fundamental.

Tendo em vista a escolaridade do pai, predominam na amostra aquelas professoras cujos pais não possuem nível algum de escolaridade completo (39,13%) ou possuem apenas o curso primário – ou equivalente – completo (39,80%). O restante das professoras – cerca de 30% – distribui em números estatisticamente pouco expressivos nos demais grupos. Chama a atenção, porém, a ocorrência de pais analfabetos, quase nos mesmos percentuais daqueles que concluíram o antigo curso ginasial e um curso superior. A ocorrência, associada à maior concentração de pais nos níveis de escolaridade mais elementares, indica que as professoras da amostra foram recrutadas entre grupos com baixo capital cultural (BOURDIEU, 1979b) e entre famílias em que há uma grande distância entre o nível de escolaridade do pai e o do filho.

Os padrões da escolaridade do pai tendem a se manifestar de modo muito semelhante no que se refere à escolaridade da mãe e dos avós paternos e maternos. O nível de escolaridade da mãe se concentra, predominantemente, nos níveis mais baixos de escolaridade (66%), decresce, de modo acentuado, a partir do antigo nível ginasial (2,34%), apresenta uma elevação no nível de 2º grau (9,70%) e volta, tendo em vista a conclusão de curso superior, aos mesmos percentuais do nível ginasial. Já os níveis de escolaridade dos avós estão predominantemente concentrados nos grupos com baixa ou nenhuma escolaridade (86%) e os demais se distribuem em números pouco significativos nos grupos de escolaridade superior. A distribuição nesses grupos repete, assim, e em suas linhas gerais, o mesmo padrão obtido na análise da escolaridade do pai e da mãe. Nota-se, porém, uma diferença: a maior concentração das professoras ocorre no grupo dos sem escolaridade completa. Além disso, é maior o número de avós analfabetos. Tudo indica, portanto, que entre as duas primeiras gerações do grupo familiar ocorreu um aumento no nível de instrução, embora discreto: a concentração predominante desloca-se apenas parcialmente dos sem escolaridade completa para os com o curso primário completo, uma vez que, passando-se dos avós para os pais, constata-se apenas uma diminuição da concentração dos sem escolaridade, e não o predomínio significativo dos que concluíram o primário.

A comparação entre as ocupações[6] exercidas pelas docentes e por membros de seu grupo familiar mostra uma distância

---

[6] A classificação da ocupação do grupo familiar dos professores da amostra tomou como base o agrupamento utilizado pela UFMG na determinação das características socioeconômicas dos candidatos a seu vestibular (UFMG, 1995, 1994 e 1993). Esse agrupamento, por sua vez, foi proposto com base na escala de prestígio ocupacional desenvolvida por Hutchinson (1961). Para especificar subgrupos de ocupações e esclarecer dúvidas relativas ao agrupamento da UFMG, utilizou-se, de modo auxiliar, a classificação de ocupações empregada pela Secretaria de Planejamento da Prefeitura de Belo Horizonte (PLAMBEL, [s.d.]). É preciso esclarecer que as informações fornecidas pelos professores, particularmente em relação à ocupação do pai e dos avós, não foram, muitas vezes, suficientemente claras para possibilitar uma classificação segura das ocupações. Foram encontradas muitas dificuldades, especialmente na classificação das ocupações ligadas à agricultura e ao comércio. Tendo em vista o primeiro tipo de ocupação (e que é aquela mais representada na amostra, num percentual de 31,10%), as principais dificuldades consistiram na determinação da extensão da propriedade rural e do tipo de atividade de exploração realizada. O único fator de diferenciação que se pôde reter consistiu na oposição – bastante imprecisa – entre "grandes" e "pequenos" proprietários, algumas poucas vezes matizada pela especificação propriedades de "médio" porte. Tudo leva a crer, por isso, que esse último grupo esteja sub-representado. Tendo em vista o segundo grupo de ocupações – aquelas ligadas ao comércio –, as dificuldades foram as mesmas e consistiram em determinar as dimensões da atividade e seu tipo. Por essa razão, as ocupações tenderam a ser agrupadas no grupo das atividades comerciais de médio porte, onde, com certeza, se encontram sobre-representadas, em detrimento, especialmente, da representação perante o grupo das atividades comerciais de pequeno porte.

semelhante à apresentada pelos níveis de escolaridade. Tendo em vista os pais: a constatação mais geral é a de que as professoras originárias das frações superiores das camadas populares constituem quase a metade da amostra: elas são, predominantemente, filhas de pequenos proprietários de terra (21,74%) e de operários qualificados (20,07%). A elas se seguem as professoras originárias das camadas médias (37,79%): nesse caso, elas são, majoritariamente, filhas de comerciantes (14,05%) e de técnicos intermediários e de profissionais que desenvolvem tarefas não-manuais de rotina (9,39%). A parte restante se divide, nas mesmas freqüências, entre as professoras provenientes, de um lado, de famílias das frações inferiores das camadas dominantes (6,69%) e, de outro, aquelas filhas de trabalhadores manuais sem qualificação (6,69%). Não estão representadas na amostra professoras cujas famílias pertenceriam ao grupo de ocupações representante das posições políticas e administrativas mais altas e de proprietários de grandes empresas.

Para as mães das professoras, a regra é a realização de trabalho doméstico (cerca de 50%). Dentre as ocupações remuneradas, as mais comuns coincidem com o exercício de ocupações manuais especializadas (7%) e da docência (também 7%, incluindo-se, no mesmo grupo as que possuem nível superior, as que possuem nível secundário e as leigas).[7]

Recrutadas nessas famílias, as professoras da amostra parecem ser, assim, um exemplo bem acabado dos esforços feitos no país, ao longo das três últimas décadas, para a democratização das chances de acesso à educação e à cultura, para a inclusão de populações até então à margem dos

---

[7] Todos os dados sobre as mães das professoras reproduzem com pouca precisão as características da amostra, em razão de não se dispor dessas informações para parte significativa das professoras que a compõem, em decorrência de problemas apresentados na elaboração e na aplicação de um primeiro grupo de questionários.

benefícios educacionais e culturais. Como mostram os dados sobre a escolaridade de diferentes gerações do grupo familiar a que pertencem, as professoras são, em sua maior parte, com efeito, a primeira geração da família que realiza uma escolarização de longa duração. Mais: que realiza um salto, no grupo familiar, de uma escolarização restrita às séries iniciais (que estudos sobre indicadores de alfabetização [Batista; Ribeiro, 2004] mostram permitir um tipo muito restrito de letramento) para uma escolarização de nível superior (e para desempenhar uma ocupação responsável pelo letramento de novas gerações).

As professoras e suas famílias seriam, desse modo, as maiores beneficiárias daquelas mudanças que alteraram a feição do ensino brasileiro, particularmente daquelas que, nos anos 70, de acordo com Rosemberg (1983, p.33), modificam seu ensino superior: a expansão do número de estabelecimentos e da taxa de matrícula, a "maior expansão do setor privado em detrimento do público", predominantemente mediante a criação de cursos de licenciatura, a "expansão da matrícula feminina, que, de minoritária em 1971 (41,5%), já sobrepujava a masculina no meio do decênio".

A "mobilidade cultural" das professoras da amostra, porém, parece ter-se realizado sob a condição de não apresentar os benefícios culturais, sociais e econômicos associados a um efetivo processo de mobilidade. Um primeiro conjunto de indicadores que sustenta essa hipótese diz respeito à formação inicial das professoras. De acordo com esses indicadores, elas puderam ter acesso ao nível superior de ensino sob a condição de desenvolverem sua formação nas *instituições*, nos *cursos* e sob as *formas de aquisição* que menos poderiam promover uma efetiva mobilidade cultural.

As docentes representadas na amostra adquiriram, predominantemente, por intermédio do curso de Letras, uma licenciatura plena em Português e Inglês (56,52%). Tendo em vista a instituição por meio da qual foram adquiridas essas habilitações, estão representadas, majoritariamente, as particulares:

quase oito em cada dez professoras da amostra se graduaram em escolas privadas e apenas duas em dez se graduaram em escolas públicas. Dentre as instituições públicas, a mais representada é a UFMG (12,04%); sua representação, no entanto, é menor que a segunda representação predominante entre as instituições privadas – a PUC Minas e a Faculdade de Filosofia de Belo Horizonte (instituições particulares de Belo Horizonte) graduaram 19% do total de professores da amostra – e constitui apenas 1/5 do total de formados pelas faculdades de Filosofia, Ciências e Letras do interior do Estado, que graduaram a maior parte dos professores (55,18%).

A atuação preponderante de instituições particulares de ensino superior na formação inicial de docentes é também constatada em estudos baseados em outras amostras. A estudada por Mafra *et al* (1990), no ensino de 2º grau da Região Metropolitana de Belo Horizonte, apresenta uma participação de instituições particulares num percentual de 56%, contra uma participação de 39% da UFMG. Na amostra de professores paulistanos de 5ª a 8ª séries estudada por Almeida (1991), mais de oito em cada dez professores do grupo se graduaram em escolas privadas e menos de um em dez se graduaram em escolas públicas. A predominância do setor particular sobre o público, por último, também é constatada na amostra mais abrangente estudada por Gatti *et al* (1994, p.250):

> [o curso superior] foi feito pela maior parte dos(as) professores(as) em escolas particulares noturnas, provavelmente conciliando trabalho e estudo. A questão da freqüência a cursos noturnos de ensino superior em escolas particulares deve ser olhada com atenção dado que os estudos disponíveis sobre a qualidade destes cursos mostram suas precárias condições de funcionamento e suas mais precárias condições de ensino.

A maior parte dos professores da amostra, portanto, recebeu formação *distanciada da pesquisa, dispersa*, tendo em vista a preparação para o ensino de mais de uma língua – geralmente o português e o inglês – e num *período reduzido de tempo*.

Ao que tudo indica, para uma parcela significativa dos professores da amostra, essa formação é também *extemporânea*. A distribuição das professoras evidencia que há uma defasagem entre a idade das docentes e o período em que concluíram o curso de Letras. Apenas 16,39% das professoras concluíram o curso superior com a idade esperada. A maior parte delas – cerca de 80% – concluiu tardiamente.

Assim, embora as professoras tenham – mediante a conclusão de um curso superior – adquirido certo volume de capital cultural, multiplicam-se os indicadores de *seu pequeno valor relativo*.

O primeiro deles refere-se ao *curso superior realizado*, que possui pouco prestígio na escala dos cursos superiores: trata-se, primeiramente, de um curso de licenciatura, que, dentre os cursos superiores, são os menos raros e menos disputados, e que supõem, desse modo, menor investimento de tempo e de recursos financeiros para realizá-lo e de menor volume de capital escolarmente rentável. Por tudo isso, são os que menos oferecem rentabilidade na conversão do capital cultural adquirido através deles em capital econômico. Em segundo lugar, trata-se, dentre os cursos de licenciatura, daquele menos raro entre o conjunto de cursos: é aquele mais oferecido no Estado[8] e, portanto, aquele menos disputado.

O segundo indicador do pequeno valor do capital cultural adquirido se refere à *qualidade dos cursos* por meio do qual o capital foi adquirido. A maioria dos professores realizou

---

[8] Segundo a Fundação João Pinheiro (1991, p.207), o curso de Letras era oferecido, no final da década de 1980, em 44 municípios do Estado. Ele era seguido, em número, pelo curso de Pedagogia (42), de Ciências (26) e de História (20). Note-se que são os cursos que formam os grupos profissionais mais feminizados os mais freqüentes. O curso de Física, que vem tendo uma clientela mais masculina, era é um dos mais raros (apenas três em todo Estado).

sua formação inicial em faculdades particulares isoladas. A Fundação João Pinheiro (1991, p.5), em estudo sobre o sistema de ensino superior em Minas Gerais, assim caracterizou essas instituições na década de 80:

> 'Apresentam os mais variados problemas, desde condições de estrutura física inadequada até insuficiente aporte de recursos (feito, via de regra, somente através de mensalidades pagas pelos alunos) e conseqüente baixo assalariamento do professorado'. [Além disso:] 'enquanto nas federais de Minas praticamente a metade do professorado (46,40%) possuía, em 1987, pós-graduação completa (mestrado ou doutorado) e somente 21,49% possuíam apenas graduação, nos estabelecimentos isolados particulares esses dados se invertem: somente 7,93% dos professores possuíam nível pós-graduado (mestrado ou doutorado) e mais de 40% (40,50%) possuíam apenas graduação. Da mesma forma quanto ao regime de trabalho: nas universidades federais do Estado, quase 80% do professorado se dedica ao ensino em tempo integral [...]; nos estabelecimentos isolados, ao contrário, somente 4,35% dos professores estão em regime de tempo integral. Este quadro demonstra, sem dúvida, a baixa profissionalização do corpo docente das unidades isoladas de ensino superior em Minas'.

Os demais indicadores do valor relativo do capital adquirido se referem a seu *modo de aquisição*: foi adquirido predominantemente de modo tardio, por meio de cursos de menor duração, de modo disperso, tendo em vista a duplicidade de habilitações. Embora, portanto, os professores tenham adquirido um capital cultural do tipo institucionalizado[9]

---

[9] O diploma, de acordo com Bourdieu (1979b, p.5-6), é um "título de competência cultural que confere a seu portador um valor convencional, constante e juridicamente garantido sobre a relação com a cultura". Ele produz uma forma de capital cultural que tem "uma autonomia relativa em relação a seu portador e mesmo em relação ao capital cultural que ele possui efetivamente num momento determinado de tempo", por meio de um ato de instituição que encontra sua base numa crença coletiva. Mediante a institucionalização do capital cultural pode-se, dentre outras coisas, estabelecer "taxas de convertibilidade entre o capital cultural e o capital econômico, garantindo o valor em dinheiro de um capital escolar", de acordo, por um

– o diploma de curso superior –, é pouco provável que, tendo em vista o modo de sua aquisição, esse capital seja internalizado em disposições, competências e princípios de ação e de percepção e, nesse sentido, suas disposições culturais não devem se diferenciar de modo pronunciado das disposições de seu grupo familiar de origem. E por duas razões.

Em primeiro lugar, e de modo mais geral, porque a acumulação de capital cultural "exige uma *incorporação* que, na medida em que supõe um trabalho de inculcação e de assimilação, custa tempo [...]" (BOURDIEU, 1979b, p.3). Em segundo lugar, e de modo específico, porque os níveis de escolaridade do grupo familiar das professoras autorizam atribuir *valor negativo* ao tempo de socialização primária dos docentes: não herdando um capital cultural escolarmente rentável, o esforço e o investimento de suas famílias em sua socialização tendem a adquirir um valor de "tempo duplamente perdido", uma vez que será necessário utilizar mais tempo para "corrigir" seus efeitos.[10]

Assim como a maior parte desses professores de Português, a professora cuja leitura do texto de Vinicius de Moraes aqui se acompanha é uma mulher de meia idade, originária de uma cidade do interior do Estado. Também, como seus colegas, é proveniente daqueles grupos sociais situados en-

---

lado, com a quantidade de capital econômico empregado para adquiri-lo e com a raridade do título (sempre, evidentemente, em relação ao capital econômico necessário para adquirir outros títulos e a raridade, maior ou menor, também de outros títulos). Todas as traduções de Bourdieu (1979b) são de minha responsabilidade.

[10] Segundo Bourdieu (1979b, p.4, n.2), "de todas as medidas de capital cultural, as menos inexatas são aquelas que tomam por padrão o tempo de aquisição – à condição, evidentemente, de não reduzi-lo ao tempo de escolarização e de levar em conta a primeira educação familiar dando a ela um valor positivo (aquele de um tempo ganhado, de um avanço) ou negativo (aquele de um tempo perdido, e duplamente, pois será necessário despender tempo para corrigir seus efeitos) de acordo com a distância às exigências do mercado escolar".

tre as frações inferiores das classes médias e as frações superiores das camadas populares. Seus pais e avós exerceram, na maior parte da vida, funções de supervisão do trabalho manual e nenhum deles ultrapassou a escolaridade elementar. A professora – o que também compartilha com os demais professores de Português estudados – constitui, assim, a primeira geração do grupo familiar a ser submetida a uma escolarização de longa duração. A realização, no entanto, de um curso de nível superior tem as mesmas marcas de desprestígio presentes na formação dos demais professores da categoria: curso de licenciatura, em Letras, escola superior particular, noturna, conciliação de trabalho e estudo, aquisição de duas habilitações simultaneamente, num curso de menor duração.[11] Essa formação tem, por isso, ainda, toda a probabilidade de ter sido insuficiente para criar novas disposições e novas relações com o conhecimento, associadas ao ambiente universitário, e essa espécie de *handicap* negativo, que compartilha com os demais professores, não pôde ser acompanhado por uma formação continuada: a professora lembra-se de ter feito poucos cursos de aperfeiçoamento após a conclusão de sua graduação e conciliava, durante a pesquisa, trabalho em duas diferentes escolas, de diferentes redes, com diferentes turmas, séries e graus, numa jornada de trabalho de tempo integral.

Se, nesse conjunto de aspectos, a professora e seus colegas se diferenciam daqueles estudos por Aparecida Joly Gouveia, no início da década de 1960, é antes de tudo, em razão de uma *intensificação* daqueles indicadores que evidenciam, no estudo dos últimos, uma tendência à subprofissionalização e à proletarização: o grupo profissional no início da década de 1990 se tornou predominantemente feminizado e, se a pro-

---

[11] E realizado, como ocorre com a maior parte dos professores estudados por Batista (1996b, 1998), extemporaneamente. Só depois de alguns anos de trabalho a professora pôde reunir um capital suficiente para permitir a realização de um curso superior.

liferação das escolas de ensino superior pôde formar os professores por meio da via de acesso institucionalizada à profissão, não foi capaz de exercer essa tarefa sem apresentar sinais reveladores de uma subformação. Assim, ao que tudo indica, a professora que lê o poema de Vinicius de Moraes em sala de aula e boa parte daqueles com os quais ela compartilha o trabalho na rede estadual de ensino são aquilo em que os professores analisados por Aparecida Joly Gouveia estavam, na década de 1960, se tornando.

Uma relação escolar com a leitura

Mas essa relação de continuidade e semelhança entre o público-leitor inicial do livro de Mathias Ferreira e seus leitores ao final da década de 1980 e início da década de 1990 é muito geral para permitir uma compreensão mais aprofundada da longevidade da felicidade pragmática da leitura encenada pelo escritor didático. Ora, a análise da construção dessa encenação – feita mais acima – evidenciou que ela é construída com base numa estratégia de "agiornamento" de uma antiga modalidade de didatização ou de escolarização da leitura. Como se indicou anteriormente, o ensino da leitura sempre tendeu a fazer residir seu "conteúdo" (pedagógico) no "conteúdo" (proposicional) e na "forma" (gramatical e lingüística) dos textos em torno dos quais se organiza e desenvolve; a modalidade de didatização da leitura consistiria, assim, numa didatização dos textos que se lêem e a atividade de leitura não constituiria propriamente um objeto de ensino, mas, antes, um instrumento por meio do qual se ensinam a língua e, particularmente, valores. No momento em que Mathias Ferreira encena a leitura de "São Francisco", essa modalidade de didatização é instabilizada: são colocados em prática novos processos de seleção do texto escolar e novas formas de exploração dos textos que tendem a transferir para o segundo os elementos pedagógicos, os conteúdos e as habilidades que, antes, deveriam residir no primeiro. A estratégia de "agiornamento" posta em prática por Mathias Ferreira é clara: se os textos moralizantes ou instrutivos são substituídos e se introduz o novo tipo de exercício, é estabelecida, ao mesmo tempo, uma relação de continuidade com a tradição do ensino, por meio de um deslocamento dos "ensinamentos morais" que estavam no texto para a exploração que dele faz o exercício que a ele se segue. Assim, a modalidade de didatização realizada pelo autor do livro didático se ancora numa firme tradição pedagógica. É por meio desse sólido enraizamento na modalidade tradicional de didatização da leitura escolar que, a meu ver, essa encenação da leitura constrói a possibilidade de aplicar-se a professores-leitores que estão em grande parte afastados temporalmente do contexto de sua produção.

É que, ao que me parece, a identificação do conteúdo proposicional dos textos com seu conteúdo pedagógico está inscrita não apenas nas práticas, nos objetos, nos textos e nos exercícios escolares, mas também, de modo durável, como *habitus*, naqueles que realizam essas práticas, manipulam esses objetos, utilizam esses exercícios, lêem esses textos. Indicadores relativos à professora que lê o poema em sala de aula evidenciam que, para ela, ler significa, antes de tudo, extrair um ensinamento que se oculta no texto e que o fator que constrói esse modo de ler – e de ensinar a ler – é, antes de tudo, uma *relação escolar com a leitura*.

Ao falar de suas leituras, na situação de entrevista, a professora se representa (e também, não se pode esquecer, se apresenta) como leitora, contrapondo seu modo de ler com aquele que, em sua visão, seria o de um leitor crítico "mais maduro", "mais político" e que, embora estivesse se tornando também seu modo de se aproximar dos textos, ela não o queria para si. Para esclarecer esse ponto, ela conta uma situação que, se não é propriamente de uma leitura em seu sentido estrito, pode auxiliar na apreensão do modo pelo qual tende a se relacionar com os textos:

> Esse... ver as coisas pelo lado político, eu não queria ver não. Não queria. E vou te falar que [...] quando veio *Os saltimbancos* [ela refere-se à peça teatral de Chico Buarque de Holanda, baseada no contro de Grimm] aqui, na cidade, e eu fui com uma aluna [...] Então fomos, vimos, aquele negócio, tudo bem, pá, pá, pá. Chegamos lá na escola, e a gente contou: e ela contava de um jeito, eu contava do outro, que você notou isso, que que você notou aquilo, etc., etc., etc. Aí a Maria Pereira [uma outra professora de Português] também foi, e dava aula na escola nessa época: "vocês viram o burro? O burro é o operário hoje". Meu Deus do Céu! Eu não vi nada disso... eu não acreditei... aí, eu ficava assim, será que eu sou burra? Só vejo as coisas por um lado? [...] Por que será que era isso? Só isso mesmo que tinha? Eu não podia ver o burro como burro? Não, não: fora de brincadeira. Esse lado político me chocava. Me chocava. Eu hoje em dia eu vejo, eu vejo que ela viu na época me chocou e me choca e eu não queria ver as coisas pelo lado, assim, tão político.

Esse modo de ler que ela, contraditoriamente, não quer para si, mas se vê na obrigação de desenvolver, por um lado, assim como o modo de ler que identifica com o seu (mas que, conflituosamente, aceita, mas julga necessário modificar), por outro, são esclarecidos mais à frente na entrevista, quando ela passa a se comparar com as atitudes do marido diante do mundo:

> Não, não, não é dizer que ele [o marido] tenha um partido, mas vê tudo pelo lado político e acha [incompreensível]. Ah, meu Deus, eu sou boba, contente com as coisas, tá bom demais, pode ficar assim que tá bom demais, sabe? Assim, por exemplo, sempre trabalhei na irmã [a professora se refere à escola religiosa feminina em que trabalhava]. A irmã paga a gente uma mixaria, muito aquém do que aquilo que a gente sabe que tem direito, o pagamento não tem dia certo, eu nunca questionei, tá bom demais. Vem? Tal dia assim vem? Eu preciso comprar isso [incompreensível] tá bom. [incompreensível] então tá bom. O que eu quero e não tem necessidade eu não compro, né? Fica por aí. Me casei – quer dizer – de repente, nós dois dividimos tudo, se não é tudo, né? [incompreensível] 'Você tem que brigar, que isso não está certo'... eu não sei... eu não quero.

Essa mesma oposição é depois desenvolvida em matéria de leitura. Comentando as leituras que cada um fez de *O Diário de Anne Frank* e as marcas que cada um deixou no texto, ela diz:

> Quando chegou um dia lá, não sei se Páscoa, se foi aniversário dele, dia dos namorados, comprei *O diário de Anne Frank* e entreguei de presente. e ele leu. Leu, marcou o livro todo, isso aqui, isso aqui, aí, ele vai e põe guerra ali e põe guerra lá. Eu não faço isso não. Então eu não sei nada dessa vida – porque eu não fico fazendo essas coisas. Claro que tenho que olhar o contexto, eu olho o contexto, principalmente enquanto professora de literatura. Não dá pra você ler, por exemplo, igual os meninos [ela se refere aos seus alunos] fizeram uma prova de Graciliano Ramos, *São Bernardo*. Então, a gente teve de situar o contexto. Do sertão alagoano lá. Tudo muito bem, sabe. Mas eu não fico escarafunchando isso não. Esse fato histórico, político e social. Nem ver. Falei: então não quero nem ler esse livro. Esse negócio de guerra, não quero nem ler, não sei que você tá achando tanto graça. Ele me cortou: 'Você vai gostar'. Ah, eu não vou gostar não. Deixei o livro, namorei, casei, tive filho, acho que tem três anos que li o livro. [...] Li e adorei. Mas não marquei uma página igual à dele. Então, mas e aí, ele fica querendo que eu veja o que ele viu. Mas é bom porque eu casei com um bom leitor. Esse cara é um bom leitor, bom mesmo, se fosse meu aluno, eu ía gostar. Ele é bom leitor.

Mas ele utiliza, eu disse, então, chaves diferentes:

> Chaves diferentes. De homem, eu acho. De homem contador, calculista. O que mais me marcou no *Diário* foi, assim, o crescimento da Anne Frank como moça, depois como mulher. Como que ela soube, assim, aproveitar o tempo. Hoje em dia eu faço é exploração/ essa foi a leitura que fiz com a 8ª série: você tem uma biblioteca em casa, você tem televisão que te ensina, você pode sair, conversar com outras pessoas e aprender mais e você não faz isso. Ela estava escondida, não podia nem fazer um barulho mais alto para não ser descoberta. E ela aprendeu muito, mais que todos nós. ela foi a que mais aprendeu, ela era a caçulinha. Então, é isso o que vejo. Eu sei que era na época da guerra, mas não fico, assim, presa àquilo não. [...] antes de eu mandar ler o livro, eu falei: olha, gente, muita gente pode achar o livro chato, mas vocês

> esqueçam a guerra; pensem na guerra só/ pro mal que ela fez
> para essas pessoas e procurem tirar desse mal o tanto de bem que
> a Anne Frank conseguiu. Só isso. [...] eu, como mãe, então, já fui
> por esse lado [...] de buscar experiência, como é que eu devo me
> relacionar, sabe, com o adolescente, né, como a Anne Frank, com
> os meus próprios filhos, sabe? Então, assim, [...] tem muito assim
> de identificar o meu papel hoje com as coisas do livro.

A professora, desse modo, pensa-se e se apresenta como leitora, num primeiro momento, por meio das relações de conflito e da oposição que identifica entre seu modo de ler – caracterizado como "feminino" e atento de tal forma aos significados existenciais dos textos que se aproxima de uma busca "profética"[12] – e outro jeito de ler – entendido como "masculino" e interessado na crítica, na discussão, no aspecto social e político dos textos. Ao mesmo tempo, porém, a representação e a apresentação que dela se faz como leitora baseiam-se, também, num impensado. Se o modo "frio", "calculista" e "masculino" de ler acrescenta ao texto significados diferentes daqueles acrescentados por um modo "quente", "desinteressado" e "feminino", é no mesmo quadro mental que ambas as modalidades de leitura inserem o texto e suas funções: um texto possui um sentido, uma mensagem oculta que precisa ser manifestada pelo leitor para que possa, como mensagem, lição, ensinamento, exercer poder formativo sobre ele (seja em sua vida pública – como no caso da leitura identificada como "masculina" e "política" –, seja em sua vida privada – no caso da leitura compreendida como "feminina").

Assim, mesmo que entre os modos de ler tematizados pela professora se diferenciem em razão de um conjunto de fatores[13]

---

[12] Cf. Bourdieu (1993).

[13] É nessas oposições tematizadas pela professora que, acredito, aquelas possibilidades de compreensão dos significados por elas trazidas ao poema devem ser compreendidas. Os significados seriam parte integrante de uma leitura que, por um lado, pensa-se como "feminina" e se constrói em busca de um significado existencial e profético e, por outro lado, representa-se de modo tenso e dominado em relação a uma leitura masculina, de caráter antes público que privado.

(e voltarei a essas diferenças mais à frente), eles se identificam por se construírem com base numa mesma suposição sobre a leitura e que não me parece diferente daquela encenada por Reinaldo Mathias Ferreira para o poema de Vinicius de Moraes, nem daquela construída pela forma de didatização da leitura na tradição escolar. A meu ver, esse modo de ler da professora pode ser identificado como *um modo escolar de leitura* e, se as semelhanças não são suficientes para demonstrá-lo, dois aspectos do discurso da professora sobre suas práticas de leitura podem fazê-lo. O primeiro diz respeito à freqüente articulação que promove entre leitura para si e leitura para a escola. O segundo – e que me parece mais importante – refere-se à trajetória de sua formação como leitora.

O primeiro aspecto: há uma espécie de indistinção entre o sentido que a professora constrói para os textos que lê e o sentido que espera que os alunos para eles produzam. Assim, sempre que fala do modo pelo qual lê e compreende determinados textos, a professora termina por se referir à sua utilização em sala de aula. Vale dizer: falar de suas leituras tende a se identificar, em seu discurso, a falar de sua destinação *escolar*. É o que se pode constatar no trecho da entrevista em que se refere à leitura de *O Diário de Anne Frank*, quando, para opor seu modo de ler ao do marido, apresenta não apenas, ou particularmente, a forma pela qual o lê, mas também a forma pela qual o explora em sala de aula:

> Essa foi a leitura que fiz com a 8ª série. Você tem uma biblioteca em casa, você tem televisão que te ensina, você pode sair, conversar com outras pessoas e aprender mais, e você não faz isso. Ela estava escondida, não podia nem fazer um barulho mais alto para não ser descoberta. E ela aprendeu muito, mais que todos nós. Ela foi a que mais aprendeu, ela era a caçulinha. Então, é isso o que vejo. Eu sei que era na época da guerra, mas não fico, assim, presa àquilo não. [...] Antes de eu mandar ler o livro, eu falei: 'Olha, gente, muita gente pode achar o livro chato, mas vocês esqueçam a guerra; pensem na guerra só/ pro mal que la fez para essas pessoas e procurem tirar desse mal o tanto de bem que a Anne Frank conseguiu'.

O mesmo ocorre em todos os momentos em que fala de suas leituras de textos literários. Sobre *Menino do Engenho*, de José Lins do Rego:

> Um dia eu falei [...] que elas iriam ler *Menino de Engenho* e que durante a leitura toda elas só se preocupassem com o tipo de liberdade que ele teve, como ele usou a liberdade e as coisas que hoje, na ética moral – falei assim, na ética moral –, são consideradas erradas, se o menino estava errado. Quem estava errado?

Sobre Guimarães Rosa e *Macunaíma*, de Mário de Andrade:

> [...] dava vontade de gostar [de Guimarães Rosa, em função de um curso que fez sobre literatura brasileira]. Não sei ler Guimarães Rosa não. Eu leio incerta. Eu leio muito incerta. Então, é uma coisa, assim, por exemplo, eu posso até ler ali e entender. Igual ao tal de *Macunaíma*, uma das melhores obras, eu estou com ele engasgado aqui. Eu não sei. Eu não tenho segurança de falar de *Macunaíma* na sala. Então eu não sei, eu acho que eu não sei isso, sabe, acho que, quer dizer até que se eu tivesse tempo ou lesse com alguém que entendesse tudo muito bem, mas eu não sei, eu não sei, eu leio e não sei se aquilo que eu sei é o que tinha de saber. [...] Então, eu isolo muito Guimarães Rosa. Então, eu pego um *Burrinho Pedrês* ali do *Sagarana*, você entendeu, assim, então eu leio *Sagarana* ali com as me/ nós sorteamos cinco contos, lemos, assim [...] fizemos os pontos em comum entre um e outro, estudamos o problema do neologismo, sabe? Mas é só. Fico nisso. Eu não sei ler Guimarães Rosa, não sei.

Sobre Jorge Amado:

> Os primeiros livros do Jorge Amado são bons. [...] Eu me esqueci, assim, no momento, do nome da personagem, de um personagem de *Seara Vermelha* que, assim, foi debate de três aulas para nós ali na escola, sabe? A posição da mulher, sabe? Perto da mãe, perto do pai, longe da mãe... Mas uma coisa assim, bonita, então dá para você sugar. Agora pega *Gabriela* e... Ah... não dá não. Não agüento. Não tenho paciência, coitado, sabe?

Falar de suas leituras é, desse modo, para a professora, falar do trabalho que com elas realiza, e boa parte de sua tendência a manter uma relação escolar com a leitura pode ser decorrente de sua atuação profissional e das formas de didatização por meio das quais a leitura se introduz e se mantém na esfera escolar.[14] Como já se evidenciou em Batista (1997), os professores de Português enfrentam, em decorrência de um conjunto de fatores, a necessidade de fazer coincidir os objetos e referentes de seu discurso com objetos de ensino. Assim, tendem a transformar práticas e atividades que envolvem a transmissão de habilidades de uso da linguagem – de um saber-fazer, portanto – em instrumentos para a transmissão de "conteúdos", passíveis de ser tematizados como objetos de discurso, expostos de modo abstrato, retomados por meio de sínteses e facilmente avaliados. Se, de modo geral, essa necessidade – como também já se mostrou – tende a fazer com que o ensino de Português termine por se ocupar, antes de tudo, da transmissão de conteúdos gramaticais,[15] termina, ainda, por favorecer a identificação do "conteúdo" dos textos de leitura com o "conteúdo" do ensino. Se estou correto nessa análise, é possível supor, desse modo, que a exposição a essa necessidade, cotidianamente, em sala de aula tenha um efeito

---

[14] Seria possível, com certeza, levantar outra hipótese que, se não invalidada por completo essa hipótese, tende a atenuá-la e a exigir maiores especificações. É que a professora fala numa situação de entrevista cujo interesse diz respeito, antes de tudo, à sua atuação profissional e não, em particular, à sua vida privada. Seria natural supor, por isso, que buscasse orientar suas respostas em função desse interesse. Como, no entanto, a professora – e trechos de sua fala já o manifestaram – aborda, com certa facilidade, dimensões de sua vida privada, preferi atribuir maior peso à primeira hipótese, mesmo tendo consciência de que ela demanda posteriores discussões, aprofundamentos e especificações.

[15] E a síntese que a professora faz da aula em que fizeram os exercícios de estudo de "São Francisco" mais uma vez evidencia que seus movimentos se fazem nessa direção (o que se aprendeu na aula anterior tendo terminado por coincidir com o que é um coro falado, com a regra geral de concordância nominal e com o uso do subjuntivo).

conformador da relação dos professores com sua leitura e tenda a orientar, convertida num conjunto de princípios de ação e de percepção – num *habitus*, portanto –, às suas práticas de leitura e às suas disposição a exercê-las.

Mas há, como já indiquei, um segundo fator que me leva a caracterizar as relações da professora com a leitura como uma relação *escolar*. É que sua formação como leitora e seu gosto por ler foram construídos, antes de tudo, de modo dependente da escola e, mesmo quando se desenvolveram *apesar* da escola, na forma de autodidatismo, foram construídos com os instrumentos, os objetos e as formas de apropriação que ela fornece.

Dizendo de forma resumida, a professora – assim como aqueles docentes descritos no capítulo anterior – não é herdeira.[16] Especificamente: não é herdeira de um capital cultural necessário para uma apropriação de textos que – como o de Vinicius de Moraes, em *A Arca de Noé* – encenam uma leitura que se constitui por meio de uma denegação do mercado, das expectativas "comuns" em matéria de produção cultural e que postulam um leitor a par das diferentes tomadas de posição envolvidas no campo literário, de suas relações conflitantes, e do sentido do jogo que em seu interior se joga.

De acordo com a análise que se pode fazer de suas lembranças relativas à sua formação, a professora é, antes de tudo, herdeira – se é que assim se pode empregar o termo – de uma intensa *mobilização* familiar e de membros da comunidade próxima para a aquisição de capital cultural escolarmente rentável. São várias as passagens dessas lembranças que revelam essa mobilização e são particularmente densas de significados aquelas que evocam a figura da mãe nesse empenho familiar:

---

[16] As noções relativas ao processo de herança, aquisição e mobilização em matéria de leitura foram extraídas de De Singly (1993).

Coitada, ela tinha 4º ano. Era uma pessoa inteligente, dedicava muito à gente. Eu conto até para os meninos [os alunos] – contei semana passada – que ela/ então quando a gente estava estudando verbo ela se desdobrava tanto, fazendo almoço, fazendo jantar, mandava a gente falar e ela teimava: 'fala futuro condicional'. 'Mamãe, nós não temos futuro condicional'. 'Tem, tem'. 'Não tem.' Era futuro do pretérito. Eu não esqueço essas coisas. Ela se desdobrava muito, tomava conta do caderno da gente, queria o caderno encapado. E eu gostava do caderno enfeitado com gravura e ela paparicava nesse ponto, sabe? Eu me pareço muito com ela nesse... Eu gosto dessas coisas... Pareço com ela em tudo.

Essa mobilização da família e daqueles que lhes são mais próximos não é, porém, acompanhada daquele conjunto de práticas e de objetos que permitiriam uma familiarização precoce com a cultura do impresso[17] de prestígio e com as formas legítimas de sua apropriação e nem se dirige especificamente à aquisição, por meio da escola, de competências e conhecimentos que constituem uma cultura da escrita em seu sentido amplo.

Quanto ao primeiro aspecto, a professora não forneceu indicações de uma aprendizagem pela "virtude do exemplo". Se, segundo ela, havia em casa uma pequena biblioteca, o pai comprava livros infantis com certa freqüência e tanto ele quanto a mãe liam muito para os filhos, as lembranças são vagas a respeito do acervo dessa pequena biblioteca e dos títulos comprados e lidos: ao longo de todo o depoimento, as leituras realizadas no contexto familiar referem-se apenas a duas histórias infantis (descritas imprecisamente como "aquela história dos cabritinhos" e a da "patinha Tetéia), a uma tentativa de leitura de uma bula de remédio e, mais tarde, à leitura de fotonovelas (que, no entanto, era proibida pelo pai). Com certeza, essas lembranças não podem ser tomadas como indicadores por meio dos quais usos e práticas

---

[17] Emprego a expressão no sentido que Chartier (1989) lhe atribui.

de leitura que se deram em sua formação, no ambiente familiar, poderiam ser reconstituídos. No entanto, elas podem ser tomadas como indicadores do regime mais geral de possibilidades que esses usos e práticas puderam oferecer para essa formação. Se, rememorando sua história, são essas as lembranças mais significativas envolvendo a leitura, é pouco provável que sua utilização, no grupo familiar, pudesse possibilitar – mesmo que sua complexidade e suas verdadeiras dimensões não tenham podido ser reconstruídas com base nos indicadores apresentados – a criação de uma familiaridade com a cultura do impresso de prestígio e com as formas legítimas de sua apropriação.

Quanto ao segundo aspecto, a mobilização familiar se dirige não especificamente para a formação de um leitor – compreendida como uma formação autônoma e desinteressada –, mas para o fornecimento das condições necessárias ao êxito escolar. A leitura é uma dessas condições, e é como tal que pode ser situada no quadro dessa mobilização. É sob esse prisma que a professora manifesta e parece compreender a mobilização de sua família e da comunidade que constitui o seu entorno:

> Sempre gostei de ler. Muito. Sempre gostei de ler. Por quê? Não sei. acho que nasceu [...]. Do pessoal lá de casa, eu que sempre tive mais facilidade. Era mais pra frente, tenha mais facilidade, aprendia as coisas mais depressa e era muito elogiada [...] pela família. Papai, mamãe e até por parentes, vizinhos.[...] E dona Ana Dias, que era minha professora do 3º ano, também [lia para ela, assim como para seus pais]. Ela morava na minha rua, ela me dava presentes, ela me dava livro. Isso também ajudou muito. E, eu me lembro de que, quando fui para 5ª. na 6ª série, todo mês ela pedia meu caderno pra ver se eu estava ainda do mesmo jeito que ela queria. Ela me conferia e, até certo ponto, cobrava. Eu gostava disso.

Assim, é tendo em vista uma finalidade escolar que a leitura se torna objeto da mobilização da família da professora e da comunidade que lhe é próxima e é, desde o início de sua formação como leitora, a escola que se faz presente.

No entanto, as lembranças sobre a realização dessa formação na escola propriamente dita assumem um desenvolvimento peculiar. Os anos iniciais da escolaridade, que coincidem com o curso primário, são apresentados como definitivos na formação do gosto da leitura e na realização da escolha profissional:

> Modéstia à parte, desde a 1ª série que sou meio caxias. Primeira, segunda da sala. Quando eu estava no 3º ano do grupo, eu resolvi que ia ser professora de Língua Pátria. [...] Eu adorava aula de Língua Pátria. Era a mesma professora, dona Ana Dias [...] E eu me lembro que eu falava com elas [com as professoras], também, que ia ser professora de Língua Pátria e elas me incentivavam, sabe, então, e me falavam que tinha que escrever direito. Eu gostava de ser professora de Língua Pátria e aquilo foi crescendo comigo. [...] E eu tirava a melhor nota, também em Língua Pátria. Gostava de Língua Pátria. Gostava de história, gostava de dramatização. [...] Festa junina, eu era um show à parte. Decorava tudo, sabia tudo, fazia todos os gestos, falava mais alto que todo mundo. Na hora da festa, se eu não estivesse lá, tava danado. [...] E gostava muito de interpretação de texto e interpretação e declamação. Sempre gostei muito de ler. Muito. Sempre gostei muito de ler.

Essa relação estreita entre uma disposição escolar (e uma disposição escolar para a leitura) e as possibilidades oferecidas pela escola se esgarça, porém, nas séries posteriores ao ciclo elementar de ensino. Por um lado, as chances de leitura se tornam rarefeitas:

> Um livro interessante... exigiam de nós no 2º ano – 2º ano normal – e eu gostava desse livro [o de Raul Moreira Lélis]. Agora, o professor, o Dr. José, adotava o livro, mas ele adotava o livro e não usava e a gente ficava explorando.[...] Ele dava aula de literatura assim por alto e falava que, por exemplo, *A Carne* foi um livro que na época causou escândalo. [...] Mas nunca pediu: leia esse livro pra aula de literatura que nós vamos fazer um debate ou para avaliação. [...] Ninguém incentivava. Isso eu não vou falar porque não incentivava mesmo. Não tinha exigência.

Mas, por outro lado, a professora então estudante desenvolve uma disposição autodidata e, de acordo com suas possibilidades e com os instrumentos escolares de que dispunha, realiza por si mesma sua formação como leitora.[18] Ela vai, de própria vontade, à biblioteca da escola:

> Li *Asas Partidas*, *A Carne*, *O Cortiço*, *Primo Basílio*. Não li só eles, realistas/naturalistas não. Li o Romantismo. Li *Esaú e Jacó*, não entendi nada. Fiquei com raiva.

E tenta, com base nos instrumentos fornecidos pela escola, apropriar-se de textos não-escolares:

> Ah, esqueci um detalhe. Sabe o que eu lia muito? Não era a fotonovela não. Comprava, pedia emprestado, guardava debaixo do colchão, escondido do pai. Claro, tinha que ser. [...] A gente tinha o *Grande Hotel*, *Capricho*, não sei que lá mais. Eu não lia a revista; a história em quadrinhos eu não gostava. Eu achava que ela tinha sempre o mesmo final, então aquele lero-lero ou então lia só gravura. Eu lia aqueles contos. Contos de amor, coisa de adolescente, jovem. E gostava, e depois eu aprendi a fazer redação assim. Isso eu falei com os pais dos meus alunos do 1º ano e adiantou muito... Eu falei: 'Deixa, deixa esse povo ler isso aí, agora manda eles resumirem o que eles leram. Com fé. Porque eu aprendi a fazer redação assim.' Tinha facilidade para fazer redação, que eu fazia três redações com o mesmo título. [...] Mas ele [o pai] não gostava que lesse fotonovela, não deixava mesmo. Então era escondido debaixo do colchão. E eu gostava de ler sempre deitada, como até hoje, gosto de ler deitada com um lápis na mão. Então, fico triste quando eu não posso ler e rabiscar...

Há, desse modo, uma presença peculiar da escola na formação da professora como leitora. Quando as expectativas são de que não se fizesse presente, ela aparece na mobiliza-

---

[18] Infelizmente, os dados não permitiram um aprofundamento do processo autodidata por meio do qual a professora desenvolve sua formação como leitora. Para uma análise aprofundada de um processo de autodidatismo, cf. Hébrard (1993).

ção familiar que, considerando a leitura uma das condições de êxito escolar, realiza ações e acolhe iniciativas que favorecem a formação de uma leitora *para a escola*. Quando as expectativas são de que se fizesse presente, ela é omissa, ao possibilitar apenas à professora a entrada, de acordo com uma expressão de Soares (1988), no limiar no mundo da escrita e não favorecendo um pleno trânsito nesse universo cultural a ela associado. No entanto, fazendo-se ausente, ela se torna, mais uma vez, surpreendentemente, presente na mobilização autodidata da professora, que se apropria de textos e dos impressos que lhe caem às mãos por meio daquelas formas de relação com a escrita favorecidas pela escola, e a leitura de contos de fotonovelas para fazer redação é a maior evidência dessa presença inesperada da escola. É nesse movimento entre presença e ausência da escola na formação da professora como leitora que, ao que tudo indica, é construída essa modalidade de relação escolar com a leitura que, a todo o momento, se revela nas práticas de ler da docente.

Em primeiro lugar, a professora é uma oblata.[19] Constitui a primeira geração de um grupo familiar a se inserir plenamente no mundo escolar e possui todas as disposições à aceitação e à internalização das exigências e das disposições propriamente escolares. Mas, como já se demonstrou em diferentes estudos,[20] a escola tende – mais do que possibilitar o domínio e a aquisição de um capital cultural – a sancionar o domínio desse capital daqueles que o trazem "de berço" e a permitir, no caso daqueles que, como a professora, caracterizam-se como oblatos ou recém-convertidos, um reconhecimento da existência e do valor desse capital e não propriamente a sua pos-

---

[19] O termo é utilizado por Bourdieu (1984) para designar aqueles agentes que constituem a primeira geração de um grupo familiar a se inserir de modo mais incisivo no universo escolar.

[20] Cf., por exemplo, Bourdieu (1983).

se e seu conhecimento. Assim, o que a professora termina por adquirir, ao longo da forte mobilização familiar, de sua intensa mobilização autodidata e de sua inserção no mundo escolar, são, por um lado, as formas escolares por meio das quais se realiza o trabalho escolar e, por outro, uma espécie de lugar deslocado e impróprio no universo cultural, uma censura interna que passa a presidir toda a sua relação com a cultura e, particularmente, com a leitura. A professora lê, gosta de ler, acredita no valor da leitura, mas, como ela mesma diz, "lê incerta", porque lê a partir de uma posição dominada em relação a dois pólos dominantes. Em primeiro lugar, em relação à própria cultura literária legítima, como demonstra aquele trecho já citado de sua entrevista, em que comenta sua leitura de Guimarães Rosa e de Mário de Andrade:

> [...] dava vontade de gostar [de Guimarães Rosa, em função de um curso que fez sobre literatura brasileira]. Não sei ler Guimarães Rosa não. Eu leio incerta. Eu leio muito incerta. Então, é uma coisa, assim, por exemplo, eu posso até ler ali e entender. Igual ao tal de *Macunaíma*, uma das melhores obras, eu estou com ele engasgado aqui. Eu não sei. Eu não tenho segurança de falar de *Macunaíma* na sala. Então eu não sei, eu acho que eu não sei isso, sabe, acho que, quer dizer até que se eu tivesse tempo ou lesse com alguém que entendesse tudo muito bem, mas eu não sei, eu não sei, eu leio e não sei se aquilo que eu sei é o que tinha de saber. [...] Então, eu isolo muito Guimarães Rosa. Então, eu pego um *Burrinho Pedrês* ali do *Sagarana*, você entendeu, assim, então eu leio *Sagarana* ali com as me/ nós sorteamos cinco contos, lemos, assim, [...] fizemos os pontos em comum entre um e outro, estudamos o problema do neologismo, sabe? Mas é só. Fico nisso. Eu não sei ler Guimarães Rosa, não sei.

A professora sabe que Macunaíma é uma das nossas "melhores obras", mas sabe também que não possui os instrumentos necessários para sua apropriação. Tem vontade de gostar de ler Guimarães Rosa, mas sabe também que não sabe lê-lo. Sabe, portanto, o que deveria fazer e ser em matéria de leitura literária, mas sabe também tudo o que não sabe e não é.

Mas, em segundo lugar, o lugar dominado da professora como leitora expressa, ainda, outra forma de relação de poder menos visível e menos relacionada à escola. Se ela se vê e se avalia como leitora em relação ao olhar da escola, ela o faz, ainda em relação a um olhar masculino, compreendido como o legítimo modo de ver e de praticar a leitura:

> Quando chegou um dia lá, não sei se Páscoa, se foi aniversário dele, Dia dos Namorados, comprei *O Diário de Anne Frank* e entreguei de presente. e ele leu. Leu, marcou o livro todo, isso aqui, isso aqui, aí, ele vai e põe guerra ali e põe guerra lá. Eu não faço isso não. Então, eu não sei nada dessa vida – porque eu não fico fazendo essas coisas. Claro que tenho que olhar o contexto. Eu olho o contexto, principalmente enquanto professora de literatura. Não dá pra você ler, por exemplo, igual os meninos [ela se refere aos seus alunos] fizeram uma prova de Graciliano Ramos, *São Bernardo*. Então, a gente teve de situar o contexto. Do sertão alagoano lá. Tudo muito bem, sabe. Mas eu não fico escarafunchando isso não. Esse fato histórico, político e social. Nem ver. Falei: 'Então não quero nem ler esse livro. Esse negócio de guerra, não quero nem ler, não sei que você tá achando tanto graça.' Ele me cortou: 'Você vai gostar'. Ah, eu não vou gostar não. Deixei o livro, namorei, casei, tive filho, acho que tem três anos que li o livro. [...] Li e adorei. Mas não marquei uma página igual à dele. Então, mas e aí, ele fica querendo que eu veja o que ele viu. Mas é bom porque eu casei com um bom leitor. Esse cara é um bom leitor, bom mesmo, se fosse meu aluno, eu ía gostar. Ele é bom leitor.

Conclusão

A construção do texto escolar: uma filologia ao contrário

Nos capítulos anteriores analisou-se um texto – o "São Francisco", de Vinicius de Moraes – procurando descrever o processo enunciativo que o condiciona, pelo qual busca condicionar sua leitura e pelo qual é constituído por *uma* leitura. Procurou-se, no entanto, fazer essa descrição e análise não sob um ponto de vista abstrato e ideal, mas sob um ponto de vista *concreto*, que favorecesse a compreensão dos processos sociais e históricos que o constituem como um "texto escolar". Três imagens me vêm à mente para descrever o trabalho e os resultados dessa análise *social* de um texto e de seu processo enunciativo.

A primeira delas é a de que um texto é, no final das contas, como uma cidade antiga que foi, ao longo de sua história, invadida, destruída e reconstruída por diferentes conquistadores, e o trabalho que se fez de sua análise, uma espécie de arqueologia. Como um arqueólogo que, sob a cidade moderna, vai encontrando, em diferentes camadas, as ruínas das cidades mais antigas e conquistadas, foi-se, ao longo da análise de um texto, encontrando textos mais antigos. Sob o "São Francisco", edificado (e edificante) pela professora e pelo autor do livro didático de 1986, encontram-se as ruínas do texto construído pelo livro didático de 1973, pela coletânea de Henriqueta Lisboa, pela antologia de poemas de Vinicius de Moraes. Do mesmo modo que as diferentes cidades que constituem a cidade moderna constroem uma diferente topografia, diferentes trajetos e diferentes formas de nelas caminhar, as diferentes "versões" dos textos possibilitaram aos seus leitores diferentes formas de trânsito e de leitura. Seus diferentes conquistadores – professores, autores, editores, ilustradores, programadores visuais, "fazedores de livros" – planejaram e encenaram para seus textos diferentes formas de lê-los, diferentes funções passíveis de, por meio de sua leitura, ser alcançadas, e os destinaram a diferentes leitores.

Outra imagem que me vem à mente para descrever a análise e seus resultados é a de que um texto é como um manuscrito medieval em que se misturam, sem distinção, as vozes de seus autores, de seus comentadores, dos que o copiam, dos censores que o modificam e refazem, do goliardo que utiliza seus espaços em branco, dos doutores que buscam expurgá-lo. A análise aqui feita do texto de Vinicius de Moraes, assim, teria consistido na distinção das diferentes vozes que sobre o texto se gravaram: aqui, o autor de livros didáticos; aqui o ilustrador e os editores; ali o autor e uma professora; lá, a poetisa de renome que organiza uma antologia para a criança e o jovem.

Embora essas duas imagens descrevam, em parte, o trabalho realizado e a representação de texto que dele resultou, nenhuma delas, no entanto, me satisfaz completamente e por uma única razão: todas elas reintroduzem alguns dos pressupostos abstratos contra os quais a análise se construiu e que devem sua problematização, em larga medida, ao trabalho de Michel Foucault (1987, 1992 e [s.d.]). O primeiro deles é o da *unidade* de um texto que se manteria sempre o mesmo apesar de seu deslocamento no tempo e no espaço sociais. Em seus diferentes suportes e contextos de aparecimento, "São

Francisco" seria sempre "São Francisco", assim como sob a Atenas, a Roma moderna e as ruínas de Tróia se encontrassem, em diferentes camadas, sempre Atenas, sempre Roma e sempre Tróia. Ora, o que a análise evidencia é que, mantida certa materialidade do texto, ele se modifica e se transforma a cada nova configuração de fatores em torno dos quais se constitui e que, entre o "São Francisco" de *A Arca de Noé* e aquele de *Estudo Dirigido de Português*, há mais diferenças do que semelhanças. Outro pressuposto que as imagens que utilizei reintroduzem é o da *origem* e, com ele, o da *autoria*. Marcadas por uma perspectiva temporal, ambas as imagens fazem pensar que, desfeitas as diferentes vozes que se sobrepõem ao manuscrito medieval, ou retiradas dos alicerces de uma cidade as diferentes camadas de pó e tempo que sob ela se escondem, será possível encontrar o texto original, a voz do autor, o primeiro gesto do primeiro conquistador sobre uma terra ainda intocada. O que a análise mostrou, no entanto, é que, *simultaneamente* (embora algumas distinções temporais pudessem ser feitas), o poema emerge em diferentes configurações gráficas, discursivas e sociais e que é pouco possível (e, sob uma perspectiva social e concreta, desnecessário) restabelecer um texto original e uma original intenção do autor. O poema é, com certeza, inicialmente, uma música, composta no mesmo período em que Vinicius de Moraes compõe outras canções: era ele, originalmente, uma canção infantil ou uma retomada – não dirigida à criança – que o autor faz de suas preocupações religiosas e existências anteriores? Ao publicá-lo numa antologia de poemas infantis, o poema circula numa configuração do campo da literatura destinada à criança que afirma sua autonomia em relação ao mercado escolar e assim é lido por determinada comunidade interpretativa. No entanto, quase dez anos antes, é publicado numa antologia cuja organizadora a destina ao estudante e cujo sistema de edição e de distribuição amparado pelo Ministério da Educação Cultura e pelo Instituto Nacional do Livro faz entre circular esses estudantes. Onde fazer residir o original? Onde fazer residir a original intenção do autor?

Por tudo isso, a imagem que me parece melhor descrever a análise realizada, assim como seus resultados, é a de uma *filologia ao contrário* ou de uma *ecdótica às avessas* – um trabalho de reintegrar ao texto elementos que lhe foram subtraídos na construção histórica, pela atividade filológica, da noção de texto. Com efeito, o objeto da filologia

> constitui-se através de uma drástica seleção – destinada a se reduzir ulteriormente – dos elementos pertinentes. Esse acontecimento interno da disciplina foi escondido por duas cesuras históricas decisivas: a invenção da escrita e a da imprensa. Como se sabe, a crítica textual nasceu depois da primeira (quando se decidiu transcrever os poemas homéricos) e consolidou-se depois da segunda (quando as primeiras e freqüentemente apressadas edições dos clássicos foram substituídas por edições mais confiáveis). Inicialmente, foram considerados não pertinentes ao texto os elementos ligados à oralidade e à gestualidade; depois, também os elementos ligados ao caráter físico da escrita. O resultado dessa dupla operação foi a progressiva desmaterialização do texto, continuamente depurado de todas as referências sensíveis; mesmo que seja necessária uma relação sensível para que o texto sobreviva, o texto não se identifica com seu suporte (GINZBURG, 1989, p.157).

Desse modo, o trabalho de análise consistiu num levantamento do conjunto de elementos subtraídos pela construção histórica da noção de texto, em sua reintrodução e em sua consideração para o estabelecimento da encenação que o texto promove para sua leitura e dos lugares que constrói para seu leitor.

Assim, uma primeira tarefa da análise consistiu num restabelecimento do texto (ou num estabelecimento ao contrário, já que se trata de restituir-lhe sua diversidade, e não, como na prática filológica, de apreender sua unidade). Para isso, foram levados em conta os elementos "sensíveis" relacionados aos diferentes suportes e situações de leitura que o oferecem ao leitor e que podem, para ele, funcionar como protocolos ou indicadores da leitura a ser feita. Daí a necessária análise das situações discursivas em que são lidos e de suas diferentes *mise-en-livre* (CHARTIER, 1990a) – do formato dos suportes do texto, de seus projetos gráficos, de suas diferentes reproduções, das ilustrações que o cercam, dos outros textos que o enquadram e com ele dialogam, de suas alterações ao longo de suas diferentes edições e de seus resultados. Para a análise da situação discursiva, estudos anteriores sobre o discurso na sala de aula (BATISTA, 1997) e que forneceram as principais indicações. Para a análise das diferentes *mise-en-livre* do texto, os estudos de história da leitura – particularmente a distinção entre texto e impresso e a atenção às práticas que envolvem suas leituras e seus usos, propostas por Roger Chartier (1990)[1] – e os recentes desenvolvimentos da bibliografia analítica – particularmente a atenção à forma expressiva do "objeto livro" proposta por D. F. McKenzie (1986) – é que forneceram seu quadro mais geral, seus instrumentos e o mapeamento do conjunto de elementos passíveis de revelá-la.

Esses elementos "sensíveis" do texto e do objeto que o sustenta e o veicula, e das práticas no interior das quais é lido, no entanto, só podem ser analisados como protocolos ou indicadores da leitura visada se referidos a um conjunto de fatores "não-sensíveis", no quadro dos quais adquirem um sentido. As tomadas de posição reveladas por um texto ou determinada *mise-en-livre* só funcionam como evidências de determinada encenação de leitura se o analista simula a produção e a recepção das estratégias textuais ou gráficas de um livro ou poema e das práticas por meio das quais são apreendidos, mediante um quadro mental capaz de funcionar como instrumento heurístico. Um exemplo poderá auxiliar a esclarecer esse ponto: o uso do diminutivo no poema de Vinicius de Moraes e o emprego de modos convencionais de repre-

---

[1] Para o historiador, "texto" refere-se ao "trabalho de escrita" do "autor", a sua "intenção" e às "estratégias" que a manifestam (p.126-27); "impresso", por sua vez, refere-se aos "dispositivos discursivos e formais" (p.26) resultantes da passagem do texto a livro ou impresso e "produzidos pela decisão editorial ou pelo trabalho da oficina" (p.127).

sentação (dois círculos representam os olhos, uma linha a boca, etc.) nas ilustrações de Marie Louise Nery para a coletânea do poeta constituem aspectos "sensíveis" do texto e do livro em que se situa. O que possibilita ao analista concluir que expressam uma tentativa de assumir uma dicção ou voz infantil? O que lhe garante identificar essa tentativa à busca de assunção de um ponto de vista da criança e, por meio dele, do modo de ver que lhe é correspondente, e não uma forma de balbucio e de infantilização da criança ou, ainda, a inabilidade de um escritor "pueril" (que usa rimas "pobres" e "de criança") e de uma ilustradora (que desenha "tão 'bem' quanto uma criança")? São pressuposições ou quadros como "texto de grande escritor e de editora com projeto gráfico arrojado" ou "literatura infantil moderna e não-didática", ou ainda equações como "literatura infantil = texto didático" e também "poesia = preciosismo verbal" que permitem essas interpretações. Longe, porém, como se sabe, de serem homogêneos e uniformes ao longo do tempo e do espaço sociais, esses quadros ou pressuposições se enraízam em divisões e práticas sociais. Se o analista não está interessado em projetar os pressupostos da comunidade interpretativa a que pertence na compreensão dos "sinais sensíveis" de um texto, ele deverá procurar reconstruir os quadros mentais que orientam sua produção e sua leitura nos processos sociais nos quais se enraízam. Daí, portanto, ao longo da análise realizada, o necessário inter-relacionamento dos textos, impressos e situações de leitura com as comunidades de intérpretes e seus horizontes de expectativa que, de um lado, acolhem o texto e, de outro, orientam sua produção; daí, desse modo, a atenção às diferentes posições estéticas, didáticas e editoriais e às tomadas de posição delas decorrentes; daí, por fim, o interesse pelo campo do consumo e da produção literária, didática, editorial, no qual as marcas "sensíveis" dos textos e de seus suportes adquirem um sentido e podem ser interpretadas.

Para a reconstrução das diferentes configurações sociais que sustentam as diferentes estratégias textuais e editoriais e sua recepção, no entanto, duas necessidades se impõem. A primeira, e de caráter predominantemente empírico, diz respeito a um mapeamento prévio do conjunto de elementos, processos e agentes que constituem as dimensões mais imediatas dessas configurações sociais nas quais os impressos são produzidos. Mais uma vez, estudos de história da leitura e do livro podem fornecer a necessária base, e a análise feita foi, em grande parte, orientada pelo modelo proposto por Robert Darnton (1990, p.112) para o circuito de comunicação e de produção do livro.

A segunda necessidade imposta para a reconstrução das configurações sociais, embora tenha conseqüências de caráter empírico, tem, antes de tudo, natureza teórica. Ela diz respeito, de um lado, à definição de um modo de compreender essas configurações sociais (mercado, editoras, escritores, ilustradores, escola, etc.) e, de outro, ao estabelecimento de um modo de relacionar essas configurações com as estratégias textuais, discursivas e editoriais dos que fazem o texto e o impresso, antecipam e desejam construir as formas de seu consumo e realizam de fato sua leitura. Dentre as diferentes formulações passíveis de auxiliar na realização[2] dessas tarefas, foi aquela proposta por Pierre Bourdieu (1992 e 1994) que tendeu a orientar a análise realizada. Embora, no contexto exploratório e ilustrativo da análise, essa orientação tenha se dado predominantemente apenas por meio de alguns princípios gerais e, particularmente, do uso implícito da noção de *campo*, foi ela que condicionou, dentre outras coisas, a apreensão das características dos diferentes impressos em suas relações de oposição com outros impressos e, particularmente, a compreensão dessas características e dessas relações como modos diferenciados e conflitantes de inserção dos impressos no mercado e no campo da produção e do consumo culturais. Se isso é verdade, as mudanças promovidas, a cada

---

[2] Cf., por exemplo, Chartier (1990d-e) e Foucault (1987 e [s.d.]).

nova publicação, no texto de Vinicius de Moraes não são decorrentes de uma intervenção desastrada dos que fazem os livros ou de um processo de abastardamento do texto ao longo de sua contínua produção. Ao contrário, elas são decorrentes da extrema *mobilidade social* dos textos em sociedades em que a escrita e o impresso não possuem circulação e difusão restritas a uma única esfera ou grupo social, religioso, político ou profissional. Produzido em determinado campo social por agentes dotados de disposições e pressupostos associados às diferentes posições existentes na "comunidade" em que se origina e para a qual se destina, determinado texto se transforma quando migra desse campo para outro, no qual encontra agentes que atuam de acordo com diferentes esquemas de ação, que o fazem em nome de diferentes valores e que fazem o texto se conformar a esses esquemas e valores.

Mas, se assim se pautou a análise, o que ela pôde revelar sobre os processos de construção do texto escolar? Três aspectos a esse respeito merecem, a meu ver, ser ressaltados.

O primeiro deles diz respeito à utilização do adjetivo "escolar" para designação do texto que se utiliza em sala de aula. Esse objeto em torno do qual se realizam práticas de ensino, em sala de aula, é, com efeito, resultado de ampla gama de processos que o constroem e lhe atribuem especificidade e singularidade. Habitualmente, admite-se apenas o adjetivo para aqueles textos que são produzidos diretamente para a escola, tendo em vista sua utilização escolar. A análise mostrou que é possível estender a adjetivação também àqueles textos que, embora produzidos para uma diferente comunidade de intérpretes, são extraídos de seus suportes e retirados de seu circuito iniciais, reinseridos em novos objetos e orientados para um circuito que os destina ao mercado escolar.

Nesse sentido, a trajetória do texto analisado foi particularmente feliz para demonstrar essa possibilidade. Diferentes estudos vêm mostrando que a literatura infantil é um fenômeno relativamente recente, que emerge, dentre outros fatores, estreitamente associado à escola. Escrever para crianças parece ter consistido, em grande parte, escrever para o aluno. Em razão de diferentes fatores, essa espécie de equação é desfeita e constitui um mercado que constrói certa autonomia – mesmo que na forma de uma denegação, como já se demonstrou – em relação ao mercado escolar. Ao integrar *A Arca de Noé*, o poema "São Francisco" afirma a conquista dessa autonomia em relação à escola e às funções instrumentais que esta tende a esperar dos textos que para ela são produzidos: encena para si uma leitura desinteressada e voltada para sua dimensão estética; anula a relação assimétrica presente na produção do texto infantil por uma assunção do ponto de vista da criança, como forma de recriar o mundo e vê-lo de modo renovado; e encontra leitores que o acolhem não apenas em razão dessa leitura que afirma, mas também em razão da leitura pedagógica que nega, subverte, desestimula. Se a própria existência de um poema que se constrói e é lido em suas relações de oposição ao texto escolar já não bastasse para demonstrar a especificidade e a singularidade desse texto que circula na escola, o poema, ao retornar ao mercado do qual se autonomizara, transforma-se em tudo aquilo contra o qual se construíra e havia sido lido. Sofre alterações em sua letra, em seu significado e em seu uso. Torna-se um instrumento de ensino, um objeto didático, um meio, e como já demonstrou Lajolo (1984), um pretexto. Tendo-se em mente as especificidades da instituição escolar, de suas relações sociais, de suas formas de organização dos tempos e dos espaços, pode-se compreender as razões pelas quais ele assim se torna e também entender que, em grande parte, é *preciso* que assim seja, dadas as necessidades que orientam a configuração social específica, singular, que é a escola e a sala de aula.[3]

Não é, no entanto, "preciso" que sua didatização e a encenação produzida para sua leitura assumam, necessariamente,

---

[3] Ver, a respeito, Batista (1997).

as formas e os significados que assumiram no caso analisado. Com efeito, o caráter instrumental e pedagógico do poema poderia residir, ao se escolarizar, em um movimento (com certeza, conflituoso e contraditório, dadas as constrições das necessidades de organização do trabalho escolar) de busca para possibilitar aos alunos o acesso às formas de apropriação do poema por ele encenadas e do conjunto de conhecimentos, pressuposições e disposições necessários para de fato dele se apoderarem. Não é essa, porém, a didatização promovida pelo impresso escolar e nem é essa a prática que, envolvendo-o, apresenta-o ao aluno. O caso estudado permite levantar algumas possibilidades que me parecem promissoras para a compreensão de fatores que possibilitam a emergência desta – e não de qualquer outra – forma de construção do texto escolar.

A análise mostra, em primeiro lugar, que o impresso que, em grande parte, constrói o texto escolar resulta de um processo no qual as tomadas de posição pedagógicas se encontram, em larga medida, submetidas a tomadas de posição editoriais, econômicas e políticas e, se isso é verdade, que o campo pedagógico ou escolar é, no processo de produção do impresso didático, uma esfera social dependente e sem autonomia em face do campo da produção editorial e do campo do poder. Resultante de um processo de modernização da produção editorial que não se fez acompanhar de um processo correspondente de modernização e de democratização do mercado consumidor, a indústria editorial brasileira, no período estudado, joga, no setor da produção e do consumo de livros didáticos, uma batalha decisiva por sua sobrevivência e tende a tratar – e não encontra, então, resistências por parte do campo político e do campo escolar – as questões pedagógicas *apenas* como questões econômicas. Sabe, além disso, utilizar as fraquezas daqueles que poderiam lhe opor resistências. De um lado, obtendo, como demonstram Oliveira *et al.* (1984), todas as vantagens da fragilidade do campo do poder em matéria de políticas educacionais e de letramento (e que, originalmente, lhe são desvantajosas, em razão do pequeno mercado livreiro que terminam por estabelecer). De outro lado, centrando suas estratégias de produção e de *marketing* (que, segundo o caso estudado, se confundem) no processo de acentuada subprofissionalização e proletarização da categoria docente que, por meio dessas estratégias, acaba contribuindo para sua própria desqualificação. Desse modo, a coincidência feliz entre a encenação do poema de Vinicius de Moraes feita pelo livro didático e a leitura de fato realizada na prática da professora estudada só é compreensível em decorrência de seu relativo afastamento temporal, tendo-se em mente que a categoria, submetida a esse processo, só consegue se reproduzir à custa de realizar seu recrutamento perante aqueles que, constituindo a primeira geração do grupo familiar a ser submetido a uma escolarização de longo termo, apenas recentemente realizaram sua inserção no universo da cultura letrada, e à custa de renunciar à possibilidade de transmitir às novas gerações de docentes uma relação com a cultura e com o magistério que constituiria uma herança ou legado. A categoria docente permaneceria, ao que me parece, sempre a mesma ao longo de sua história recente, começando e recomeçando sempre a partir de um mesmo ponto, e o impresso didático tem sabido antecipar e promover esse mesmo recomeço e essa mesma tendência à impossibilidade de legado.

Mas a análise mostrou, ainda, em segundo lugar, a possibilidade de – mantido esse quadro mais geral da subordinação do campo pedagógico à esfera editorial – discriminar diferentes tomadas de posição em relação à construção do texto escolar pelo impresso didático. É que a apreensão das características do impresso didático que, em parte, construía o "São Francisco" como um texto didático só foi possível por se fazer em relação às características de outros impressos, e a comparação (mesmo que exploratória) evidenciou a presença, na relação com o mercado, com o professor e com os "conteúdos" de ensino, de diferentes estratégias. Mostrou que elas se diferenciam no tempo, ao longo dele, e que, em decorrência de um conjunto de fatores, transformam-se. Mas mostrou também que, num mesmo espaço de tempo, eles constroem diferentes modos de inserção no mercado do livro didático, e me parece que essas diferentes tomadas de posição podem ser relacionadas a diferentes posições no campo pedagógico e a distintas formas de relação com a produção editorial. Se o livro de Mathias Ferreira concentrava suas estratégias na construção de um texto que tendia a se autonomizar do trabalho docente e em todas as formas de antecipação e de reforço da relação do professor com a cultura e com o magistério, outros livros, como o de Guimarães, concentravam sua razão de ser em pressuposições sobre o objeto de ensino, antecipavam um diferente tipo de professor, contavam com seu trabalho, buscavam formá-lo com base num manual que se caracterizava como uma "quase" didática do ensino de língua, e não como respostas a um docente sem perguntas. É preciso, desse modo, buscar caracterizar essas diferentes posições e tomadas de posição correspondentes se se deseja melhor compreender a construção do texto escolar. Para isso, acredito que o caso estudado – e esta me parece sua principal contribuição – tenha possibilitado a apreensão dos pontos sobre os quais essas tomadas de posição se decidem, são construídas e são objeto de conflito e luta. Gostaria de destacar alguns cujo estudo pode auxiliar na compreensão dos processos de estabelecimento do texto escolar.

O primeiro deles diz respeito aos fenômenos da seleção dos textos que integrarão um códice escolar e da modalidade de didatização que o acolherá em sala de aula. De acordo com o caso estudado, os dois fenômenos estão articulados: é em razão de uma forma determinada de didatização da leitura escolar que um texto é selecionado. É necessário, portanto, investigar como se relacionam, ao longo da história do ensino da disciplina, esses dois fenômenos e como, por meio dessas relações, possibilitam a emergência de saberes escolares, particularmente de saberes escolares sobre a leitura. O segundo desses pontos decisivos das tomadas de posição diz respeito a uma modalidade específica de didatização da leitura – aquela construída pelo novo exercício que, ao que tudo indica, emerge no segundo ciclo do ensino fundamental juntamente com os novos livros didáticos produzidos ao final da década de 1960. Embora estudos devam aprofundar essa hipótese, o exercício de estudo de textos surge, primeiro, no ensino primário. É provável que, ao se deslocar para o ensino médio, tenha-se se fundido com o exercício de explicação de textos, de caráter oral, em torno do qual surgem estudos, no mesmo período, que procura adaptar esse exercício francês ao contexto brasileiro. É preciso determinar como se dá esse processo de deslocamento, explorar as perdas e os acréscimos que, por meio dessa suposta migração/imigração, o exercício é constituído, e tematizar suas relações com as profundas alterações que o sistema de ensino brasileiro sofre no período, seja tendo em vista sua organização e estrutura, seja tendo em vista as novas populações que passam a dele fazer parte. É preciso também – e este é um terceiro ponto sob o qual parece se exercer a ação dos que fazem o livro e sua utilização – relacionar a emergência desse novo exercício e do novo livro didático com o aparecimento das técnicas de ensino – estudo dirigido ou instrução programada – que, construindo uma oposição entre a escola moderna e a escola tradicional, ganham um fôlego que lhes permite se autonomizar do contexto da sala de aula e do trabalho docente e constituir a nova encenação de uso do manual didático e a nova modalidade de relação com o professor de que o livro de Reinaldo Mathias parece ser a manifestação acabada.

Por fim, produto da ação de conquistadores, práticas, exercícios, o texto escolar é sempre o resultado da ação do docente que o lê, explora e apresenta aos alunos. Assim, é necessário compreender de modo mais aprofundado do que aquele que aqui se pôde fazer as relações dos professores de Português com a leitura, descrever as práticas por meio das quais se apropriam dos textos e determinar, de modo mais preciso, sua contrapartida na construção do texto e das práticas escolares que, se a análise aqui feita está correta, constituem, ao mesmo tempo, a contrapartida da escola em sua formação como leitores.

REFERÊNCIAS

ABRAMOVICH, Fanny. *Literatura infantil*: gostosuras e bobices. 4. ed. São Paulo: Scipione, 1994.

ALEXANDRE-BIDON, D. La lettre volée. Apprendre à lire à l'enfant au Moyen Age, *Annales*, v. 44, n. 4, p. 953-92, Juin/Août 1989.

ALMEIDA, Maria Isabel. *Perfil dos professores da escola pública paulista*. 1991. Dissertação (Mestrado em Educação). São Paulo: Faculdade de Educação da USP, 1991.

ARAÚJO, Emanuel. *A construção do livro*: princípios da técnica de editoração. Rio de Janeiro: Nova Fronteira/ Instituto Nacional do Livro/ Fundação Nacional Pró-Memória, 1986.

AUTHIER-REVUZ, Jacqueline. Hétérogéneité montrée et hétérogéneité constitutive: éléments pour une approche de l'autre dans le discours. *DRLAV*, Paris, n. 26, p. 91-151, 1982.

BAKHTIN, M. *Marxismo e filosofia da linguagem*. 3. ed. Trad. M. Lahud e Yara F. Vieira. São Paulo: Hucitec, 1986.

BATISTA, Antônio Augusto Gomes; GALVÃO, Ana Maria de Oliveira. Práticas de leitura, impressos, letramentos: uma introdução. *In*: _____ (Org.). *Leitura*: práticas, impressos, letramentos. Belo Horizonte: Autêntica, 1999. p.11-45.

BATISTA, Antônio Augusto Gomes; RIBEIRO, Vera Masagão. *Cultura escrita no Brasil*: modos é condições de inserção. 2004. (Inédito).

BATISTA, Antônio Augusto Gomes *et al*. Livros didáticos de leitura: uma morfologia. *Revista Brasileira de Educação*, n. 20, p. 27-47, 2004.

BATISTA, Antônio Augusto Gomes. *O ensino de português e sua investigação*: quatro estudos exploratórios. 1996. Tese (Doutorado em Educação) – Belo Horizonte: Programa de Pós-Graduação da Faculdade de Educação da UFMG, 1996a.

BATISTA, Antônio Augusto Gomes. Professores de português: perfil descritivo de uma amostra casual. *In*: _____. *O ensino de português e sua investigação*: quatro estudos exploratórios. 1996. Tese (Doutorado em Educação) – Belo Horizonte: Programa de Pós-Graduação da Faculdade de Educação da UFMG, 1996b. p. 183-262.

BATISTA, Antônio Augusto Gomes. Os professores são "não-leitores"? *In*: MARILDES, Marinho; SILVA, Ceris Ribas da (Org.). *Leituras do professor*. Campinas: Mercado de Letras, 1998. p. 23-60.

BATISTA, Antônio Augusto Gomes. Um objeto variável e instável: textos, impressos e livros didáticos. *In*: ABREU, Márcia. *Leitura, história e história da leitura*. Campinas: Mercado de Letras, 1999. p.529-575.

BATISTA, Antônio Augusto Gomes. *Aula de português*: discurso e saberes escolares. São Paulo: Martins Fontes, 1997.

BORDINI, Maria da Glória. *Poesia infantil*. São Paulo: Ática, 1986.

BOURDIEU, Pierre. *La distinction*: critique sociale du jugement. Paris: Éd. de Minuit, 1979a.

BOURDIEU, Pierre. Les trois états du capitual culturel. *Actes de la Recherche en Sciences Sociales*, n. 30, p. 3-6, 1979b.

BOURDIEU, Pierre. A economia das trocas lingüísticas. *In*: ____. *Pierre Bourdieu*: sociologia. Organização de Renato Ortiz. Trad. Paula Monteiro e Alícia Auzmendi. São Paulo: Ática, 1983. p. 156-183.

BOURDIEU, Pierre. *Homo academicus*. Paris: Minuit, 1984.

BOURDIEU, Pierre. *Que significa hablar?* Economia de los intercambios lingüísticos. Madrid: Akal, 1985.

BOURDIEU, Pierre. *Les règles de l'art*: génese et structure du champ littéraire. Paris: Seuill, 1992.

BOURDIEU, Pierre. Pour une science des oeuvres. *In*: ____. *Raisons pratiques*: sur la théorie de l'action. Paris: Seuil, 1994. p. 59-97.

BOURDIEU, Pierre; CHARTIER, Roger. La lecture: une pratique culturelle. Débat entre Pierre Bourdieu et Roger Chartier. *In*: CHARTIER, R. (Org.). *Pratiques de la lecture*. 2. ed. Paris: Éditions Payot & Rivages, 1993. p. 265-294.

CAMARGO, Luís. A criança e as artes plásticas. *In*: ZILBERMAN, Regina (Org.). *A produção cultural para a criança*. 4. ed. Porto Alegre: Mercado Aberto, 1990. p. 147-81.

CAMARGO, Luís. *Ilustração no livro infantil*. Belo Horizonte: Lê, 1995.

CARRETER, Fernando Lázaro; LARA, Cecília de. *Manual de explicação de textos*: cursos médio e superior. São Paulo: Editora Centro Universitário, 1962.

CHARTIER, Roger (Ed.). *The culture of Print*. Princeton: Princeton University Press, 1989.

CHARTIER, Roger. *A ordem dos livros*. Trad. Mary Del Priore. Brasília: Editora da Universidade de Brasília, 1994.

CHARTIER, Roger. *A história cultural*: entre práticas e representações. trad. de M. Galhardo. Lisboa; Rio de Janeiro: Difel; Bertrand Brasil, 1990a.

CHARTIER, Roger. Textos, impressos, leituras. *In*: ____. *A história cultural*: entre práticas e representações. Trad. de M. Galhardo. Lisboa; Rio de Janeiro: Difel; Bertrand Brasil, 1990b. p. 121-39.

CHARTIER, Roger. Textos e edições: "literatura de cordel". *In*: ____. *A história cultural*: entre práticas e representações. Trad. de M. Galhardo. Lisboa; Rio de Janeiro: Difel; Bertrand Brasil, 1990c. p. 121-39.

CHARTIER, Roger. Introdução: Por uma sociologia histórica das práticas culturais. *In*: ____. *A história cultural*: entre práticas e representações. Trad. de M. Galhardo. Lisboa; Rio de Janeiro: Difel; Bertrand Brasil, 1990d. p. 13-28.

CHARTIER, Roger. Formação social e habitus: uma leitura de Norbert Elias. *In*: ____. *A história cultural*: entre práticas e representações. Trad. de M. Galhardo. Lisboa; Rio de Janeiro: Difel; Bertrand Brasil, 1990e. p. 91-119.

CLEMENTE, Elvo (Ir.). *Estudo sôbre metodologia do ensino da língua portuguêsa*. Pôrto Alegre: Pontifícia Universidade Católica do Rio Grande do Sul/Centro de Estudos da Língua Portuguêsa, 1969.

COELHO, Nely Novaes. *Dicionário crítico da literatura infantil/juvenil brasileira*; 1882-1982. São Paulo: Quíron, 1983.

COLTED. *O livro didático e sua utilização em classe*: material básico dos cursos de treinamento para professôres primários. Rio de Janeiro: Ministério da Educação e Cultura, 1969.

COLTED. Ministério da Educação e Cultura. *Notícias*, n. 1, 3 e 5. [s.d.].

COUDRY, Maria Irma Hadler. *Diário de Narciso*: discurso e afasia. São Paulo: Martins Fontes, 1988.

CUNHA, Carlos Maciel da. *A explicação de textos*. Belo Horizonte: Imprensa da Universidade Federal de Minas Gerais, 1966.

DARNTON, Robert. What is the history of books? *In*: ____. *The kiss of lamourette*: reflections in cultural history. New York; London: W.W. Norton & Company, 1990a. p. 107-35.

De CERTEAU, Michel. *L'invention du quotidien 1*. Art de faire. Nouvelle édition, établie et présentée par Luce Giard. Paris: Gallimard, 1990.

De SINGLY, François. Savoir hériter: la transmission du goût de la lecture chez les étudiants. *In*: FRAISSE, Emmanuel (Org.) *Les étudiants et la lecture*. Paris: PUF, 1993.

DUCROT, O. *O dizer e o dito*: esboço de uma teoria polifônica da enunciação. Trad. Eduardo Guimarães. Campinas: Pontes, 1987.

DUCROT, O. *Dire et ne pas dire*. Paris: Hermann, 1972.

ECO, Umberto. *Lector in fabula*: a cooperação interpretativa nos textos narrativos. Trad. Atílio Cancian. São Paulo: Perspectiva, 1986.

ECO, Umberto. *Interpretação e superinterpretação*. Trad. Mônica Stahel. São Paulo: Martins Fontes, 1993.

FERNANDES, Rogério. *Os caminhos do ABC*: sociedade portuguesa e ensino das primeiras letras. Porto: Porto Editora, 1994.

FERNANDEZ ENGUITA, Mariano F. A ambigüidade da docência: entre o profissionalismo e a proletarização. *Teoria & Educação*, Porto Alegre: Pannonica, n. 4, 1991. p. 41-61.

FAE (Fundação de Assistência ao Estudante). *Definição de critérios para avaliação dos livros didáticos*; 1ª a 4ª séries. Brasília: FAE, 1994).

FISH, Stanley. *Is there a text in this class?* The authority of interpretive communities. Cambridge: Harvard University Press, 1980.

FOUCAULT, Michel. *A arqueologia do saber*. Trad. Luiz Felipe Baeta Neves. 3. ed. Rio de Janeiro: Forense-Universitária, 1987.

FOUCAULT, Michel. *O que é um autor?* Trad. António F. Cascais e Edmundo Cordeiro. Lisboa: Vega, 1992.

FOUCAULT, Michel. *A ordem do discurso*. Trad. Sírio Possenti. [s.d.]. (Inédito)

FREITAG, Barbara et al. *O estado da arte do livro didático no Brasil*. Brasília: INEP/REDUC, 1987.

FUNDAÇÃO JOÃO PINHEIRO. *Diagnóstico do setor editorial brasileiro*. Coordenação geral e elaboração de Elizabeth de Melo Naves e Marta Oliveira Penzin; supervisão de Bernardo N. da Matta Machado. Belo Horizonte: Fundação João Pinheiro, 1993.

FUNDAÇÃO JOÃO PINHEIRO. *Estudos básicos para implantação da Universidade Estadual de Minas Gerais*: diagnóstico e potencialidades. Belo Horizonte: Fundação João Pinheiro, 1991.

GASKELL, Philip. *A new introduction to bibliography*. Oxford: Oxford University Press, 1972.

GATTI, Bernadete et al. Características de professores(as) de 1°. grau no Brasil: perfil e expectativas. *Educação e Sociedade*, n. 48, p. 248-60, ago. 1994.

GERMANO, José Willington. *Estado militar e educação no Brasil* (1964-1985). São Paulo: Cortez; Campinas: Editora da Universidade Estadual de Campinas, 1993.

GINZBURG, Carlo. Sinais: raízes de um paradigma indiciário. *Mitos, emblemas, sinais*: morfologia e história. Trad. Federico Carotti. São Paulo: Companhia das Letras, 1989. p. 143-179.

GOUVEIA, Aparecida Joly. *Educação e desenvolvimento*: pontos de vista dos professôres secundários. Belo Horizonte: Faculdade de Educação da UFMG, 1968. (mimeo.).

GRICE, H.P. *Logic and conversation.* William James Lectures. Harvard University, 1967.

HALLEWELL, Lawrence. *O livro no Brasil*: sua história. Trad. Maria da Penha Villalobos e Lólio Lourenço de Oliveira., revista e atualizada pelo autor. São Paulo: T. A. Queiroz: Ed. da Universidade de São Paulo, 1985.

HÉBRARD, Jean. A escolarização dos saberes elementares na época moderna. *Teoria & Educação*, Porto Alegre: Pannonica, n. 2, p. 65-110, 1990.

HÉBRARD, Jean. Comment Jamerey-Duval apprit-il à lire? *In*: Chartier, Roger (Org.) *Pratiques de la lecture.* 2. ed. Paris: Éditions Payot & Rivages, 1993. p.

HUTCHINSON, Bertram. *Trabalho e mobilidade.* Rio de Janeiro: Centro Brasileiro de Pesquisas Educacionais, 1961.

JUNQUEIRA, Sônia. Uma história por trás das linhas: o processo de edição do livro infantil e juvenil. *In*: Seminário O JOGO DO LIVRO INFANTIL. Belo Horizonte: CEALE/ Faculdade de Educação da UFMG, 1995. (Inédito)

LAJOLO, Marisa. *Usos e abusos da literatura na escola*: Bilac e a literatura escolar na República Velha. Porto Alegre: Editora Globo, 1982.

LAJOLO, Marisa. O texto não é pretexto. *In*: ZILBERMAN, Regina *et al. Leitura em crise na escola*: as alternativas do professor. Porto Alegre: Mercado Aberto, 1984, p. 51-63.

LAJOLO, Marisa. No reino do livro infantil. *In*: ZILBERMAN, Regina (Org.). *Os preferidos do público*: os gêneros da literatura de massa. Petrópolis: Vozes: 1987.

LAJOLO, Marisa. Leitura-literatura: mais do que uma rima, menos do que uma solução. *In*: ZILBERMAN, Regina; SILVA, Ezequiel T. da. *Leitura*: perspectivas interdisciplinares. São Paulo: Ática, 1988. p. 87-99.

LAJOLO, Marisa e ZILBERMAN, Regina. *Um Brasil para crianças*; para conhecer a literatura infantil brasileira: histórias, autores e textos. 3. ed. São Paulo: Global, 1988.

LAJOLO, Marisa e ZILBERMAN, Regina. *Literatura infantil brasileira*: história e histórias. 5. ed. São Paulo: Ática, 1991.

LEGRAND, Louis. *A didática da reforma*: um método ativo para escola de hoje. Trad. Marco Aurélio de Moura Matos. Rio de Janeiro: Zahar, 1973.

LINS, Osman. O livro didático: primeiro tempo: 1965. In: ____ *Do ideal e da glória*: problemas inculturais brasileiros. São Paulo: Summus, 1977a. p. 15-40.

LINS, Osman. O livro didático: segundo tempo: 1976. In: ____ *Do ideal e da glória*: problemas inculturais brasileiros. São Paulo: Summus, 1977b. p. 127-49.

LISBOA, Henriqueta. *Antologia poética para a infância e a juventude*. Rio de Janeiro: INL/MEC, 1961.

MAFRA, Leila Alvarenga et al. *Relatório final do projeto "O ensino de 2º grau em Minas Gerais:* caracterização e perspectivas – 2ª etapa. Belo Horizonte: Faculdade de Educação da UFMG, 1990.

MAINGUENEAU, Dominique. *Novas tendências em análise do discurso*. Trad. Freda Indursky. Campinas: Pontes: Editora da Universidade Estadual de Campinas, 1989.

MARTINS, Maria Helena. *Crônica de uma utopia*: leitura e literatura infantil em trânsito. São Paulo: Brasiliense, 1989.

McKENZIE, D.F. *Bibliography and the sociology of texts* (The Panizzi Lectures, 1985). London: The British Library, 1986.

MOISÉS, Carlos Felipe. *Vinicius de Moraes*. Seleção de textos, notas, estudos biográfico, histórico e crítico e exercícios por C. F. Moisés. São Paulo: Abril, 1980. Literatura Comentada.

MOMENTOS do livro no Brasil. Projeto e coordenação geral de Fernando Paixão. São Paulo: Ática, 1996.

MORAES, Vinicius de. *Obra completa*. Edição organizada por Afrânio Coutinho com assistência do autor. Rio de Janeiro: Nova Aguilar, 1968.

MORAES, Vinicius de. *A arca de Noé*: poemas infantis. Il. de Marie Louise Nery. 4. ed. Rio de Janeiro: José Olympio, 1978.

MORAES, Vinicius de. *Poesia completa e prosa*. Edição organizada por Afrânio Coutinho com assistência do autor. Reimpressão da 2. ed. Rio de Janeiro: Nova Aguilar, 1986.

NEVES, Maria Helena de Moura. *A vertente grega da gramática tradicional*. São Paulo: Hucitec; Brasília: Editora Universidade de Brasília, 1987.

NOSELLA, Maria de Lourdes D. *As belas mentiras*. São Paulo: Cortez e Morais, 1979.

OLIVEIRA, João Batista Araújo e *et al*. *A política do livro diático*. São Paulo: Summus; Campinas: Editora da Universidade Estadual de Campinas, 1984.

ONG, Walter. The Writer's Audience is Always a Fiction. *PMLA* (Publication of the Modern Language Association of America), n. 90, 1975. p. 9-21.

PAIVA, Vanilda. Um século de educação republicana. *Pro-posições*, São Paulo: Cortez; Campinas: Faculdade de Educação da Universidade Estadual de Campinas, n. 2, julho de 1990. p. 7-18.

PLAMBEL. *Grupos de ocupação*. Belo Horizonte: Secretaria Municipal de Planejamento, [s.d.]. (Inédito)

PERROTI, Edmir. *Confinamento cultural, infância e leitura*. São Paulo: Summus, 1990.

PERROTI, Edmir. *O texto sedutor na literatura infantil*. São Paulo: Ícone, 1986.

PFROMM, Samuel *et al*. *O livro na educação*. Rio de Janeiro: Primor/MEC, 1974.

PONDÉ, Glória Maria Fialho. Poesia e folclore para a criança. *In*: ZILBERMAN, Regina (Org.). *A produção cultural para a criança*. 4. ed. Porto Alegre: Mercado Aberto, 1990. p. 117-46.

POSSENTI, Sírio. *Discurso, estilo e subjetividade*. São Paulo: Martins Fontes, 1988.

QUEIRÓS, Bartolomeu Campos de. Menino temporão. *In*: PAULINO, Graça. *O jogo do livro infantil*: textos selecionados para a formação de professores. Belo Horizonte: Dimensão, 1997. p. 42-43.

ROSEMBERG, Fúlvia. Psicologia, profissão feminina. *Cadernos de Pesquisa*, São Paulo, n. 47, p. 32-37, nov. 1983.

SANTOS, Lucíola Licínio de C. P. História das disciplinas escolares: perspectivas de análise. *Teoria e Educação*, Porto Alegre, n. 2, p. 21-29, 1990.

SCHLIEBEN-LANGE, Brigitte. *História do falar e história da lingüística*. Trad. Fernando Tarallo *et al*. Campinas: Editora da Universidade Estadual de Campinas, 1993.

SOARES, Magda Becker. As condições sociais da leitura: uma reflexão em contraponto. *In*: ZILBERMAN, Regina; SILVA, Ezequiel T. da. *Leitura*: perspectivas interdisciplinares. São Paulo: Ática, 1988.

TAVARES, Hênio. *Técnica de leitura e redação*; para os cursos secundários. Belo Horizonte: Bernardo Álvares, [s.d.].

UFMG. *Candidatos aprovados no concurso vestibular da UFMG de 1993*: características sócio-econômicas. Relatório técnico por Maria Inês de Matos Coelho, Eduardo Martins de Melo e Souza e Leonard Mendonça de Assis. Belo Horizonte: Universidade Federal de Minas Gerais, Pró-Reitoria de Graduação, Comissão Permanente do Vestibular, 1993a.

UFMG. *Candidatos aprovados no concurso vestibular da UFMG de 1994*: características sócio-econômicas. Relatório técnico por Denilton Ferreira Varandas e Neilton Martins Carneiro. Belo Horizonte: Universidade Federal de Minas Gerais, Pró-Reitoria de Graduação, Comissão Permanente do Vestibular, 1994.

UFMG. *Candidatos aprovados no concurso vestibular da UFMG de 1995*: características sócio-econômicas. Relatório técnico por Denilton Ferreira Varandas e Neilton Martins Carneiro. Belo Horizonte: Universidade Federal de Minas Gerais, Pró-Reitoria de Graduação, Comissão Permanente do Vestibular, 1995.

UNICAMP. *O que sabemos sobre livro didático*: catálogo analítico. Campinas: Biblioteca Central da Universidade Estadual de Campinas; Setor de Informação sobre Livro Didático; Editora da UNICAMP, 1989.

VEJA. *O negócio das letras*. São Paulo: Abril, n. 1.439, 10 de abril de 1996. p. 102-5.

ZILBERMAN, Regina; MAGALHÃES, Ligia Cademartori. *Literatura infantil*: autoritarismo e emancipação. São Paulo: Ática, 1982.

Livros didáticos analisados

CRETELLA JÚNIOR, José. *Português para o ginásio*: antologia, vocabulários, exercícios, biografia e comentários para a 1ª e 2ª séries. São Paulo: Companhia Editora Nacional, 1958.

CUNHA, Celso. *Manual de português*. 1ª e 2ª séries ginasiais. 7. ed. revista. Rio de Janeiro: Livraria São José, 1966.

FERREIRA, Reinaldo Mathias *et al*. *Letrinhas amigas*: cartilha. Livro do professor. São Paulo: Ática, 1981.

FERREIRA, Reinaldo Mathias. *Comunicação*: atividades de linguagem. 5ª série do 1º Grau. Livro do professor. São Paulo: Ática, 1977

FERREIRA, Reinaldo Mathias. *Estudo dirigido de português*; 1ª série do curso ginasial. Livro do professor. São Paulo: Ática, 1970.

FERREIRA, Reinaldo Mathias. *Estudo dirigido de português*; 1ª série do curso ginasial. Livro do professor. São Paulo: Ática, 1971.

FERREIRA, Reinaldo Mathias. *Estudo dirigido de português*; 5ª série do 1º Grau. Livro do professor. 5. ed. São Paulo: Ática, 1972.

FERREIRA, Reinaldo Mathias. *Estudo dirigido de português*; 5ª série do 1º Grau. Livro do professor. 7. ed. São Paulo: Ática, 1973.

FERREIRA, Reinaldo Mathias. *Português*; 5ª série do 1º grau. Livro do professor. 7. ed. São Paulo: Ática, 1986.

FERREIRA, Reinaldo Mathias. *Correspondência comercial e oficial*. São Paulo: Ática, [s.d.].

GUIMARÃES, Magda Soares. *Português através de textos*: manual do professor; 1ª série. 2. ed. Belo Horizonte: Bernardo Álvares, 1966.

GUIMARÃES, Magda Soares. *Português através de textos*. 1ª série. 12. ed. Belo Horizonte: Bernardo Álvares, 1971.

LÉLLIS, Raul Moreira. *Português no ginásio*: gramática e antologia para a 4ª série. 3. ed. São Paulo: Companhia Editora Nacional, 1956.

MEGALE, Heitor & MATSUOKA, Marilena. *Linguagem*: leitura e produção de texto; comunicação e expressão em língua nacional; 5ª série. São Paulo: FTD, [s.d.].

OLIVEIRA, Alaíde Lisboa. *Comunicação em prosa e verso*. Português V. Belo Horizonte: Eddal, 1972.

PRATES, Marilda. *Reflexão e ação*: língua portuguesa; 5ª série. Livro do professor. São Paulo: Editora do Brasil, 1984

PROENÇA FILHO, Domício; MARQUES, Maria Helena. *Português*. Rio de Janeiro: Liceu, [s.d.].

SOARES, Magda & PEREIRA, Adílson Rodrigues *Comunicação em língua portuguesa*. 6ª série do 1º Grau. Belo Horizonte: Bernardo Álvares, 1973.

SOARES, Magda. *Comunicação em Língua Portuguesa*. 5ª série do 1º grau. Belo Horizonte: Bernardo Álvares, 1972.

SOARES, Magda. *Novo português através de textos*. 2. ed. São Paulo: Abril, 1984.

Qualquer livro do nosso catálogo não encontrado nas livrarias pode ser pedido por carta, fax, telefone ou pela Internet.

✉ Rua Aimorés, 981, 8° andar – Funcionários
Belo Horizonte-MG – CEP 30140-071

☏ Tel: (31) 3222 6819
Fax: (31) 3224 6087
Televendas (gratuito): 0800 2831322

@ vendas@autenticaeditora.com.br
www.autenticaeditora.com.br

Este livro foi composto com tipografia Gatineau, e impresso em papel Off Set 75 g. na Sermograf Artes Gráficas.
Belo Horizonte, janeiro de 2008.
